FAMOUS HYMNS

AND THEIR STORIES

Compiled by Christopher Idle

A LION BOOK

Tring • Batavia • Sydney

Text copyright © 1987 Christopher Idle
This edition copyright © 1987 Lion Publishing

Published by
Lion Publishing plc
Icknield Way, Tring, Herts, England
ISBN 0 7459 1275 3
Albatross Books Pty Ltd
PO Box 320, Sutherland, NSW 2232, Australia
ISBN 0 86760 889 7

First edition 1987

All the hymns and most of the extracts printed here first appeared
in *The Lion Book of Favourite Hymns*, and later in *Hymns of Praise* and *Songs of Faith*.

Acknowledgments
'Tell out my soul' is reproduced by kind permission of Timothy Dudley-Smith
Scripture quotations from the *Holy Bible, New International Version*,
copyright New York International Bible Society, 1978

Photographs by Sonia Halliday Photographs as follows:
F. H. C. Birch pages 9, 21, 46, 51, 61, 65; Sister Daniel pages 22, 27, 28, 31,
32, 35, 38, 53, 59, 86, 91; Sonia Halliday pages 11, 12, 19, 36, 42, 44, 62, 66, 71,
75, 79, 85, 93 and endpapers; Laura Lushington pages 15, 69, 77, 80, 89;
Barrie Searle page 48; Jane Taylor page 56; Else Trickett pages 16, 24,
41, 54, 73; Barbara Warley page 83

Printed and bound in Great Britain by
Purnell Book Production Ltd, Member of the BPCC Group

CONTENTS

PRAISE, MY SOUL,
THE KING OF HEAVEN

A tiny and remote country parish in Southern Ireland did not seem the ideal place for the brilliant young graduate to start his ministry — six feet tall with dark, curly hair, a classical scholar with great gifts as a speaker. But here in County Wexford, as a brash new curate, Henry Francis Lyte had an encounter which turned his ideas inside out.

A neighbouring clergyman was terminally ill. He confessed to Lyte that he had begun to re-examine his life as he read and studied the New Testament. He urged his younger friend to do what he had at last done: to stop relying on religious duties and good deeds for his peace with God, but trust completely in the mercy of Christ and his saving power.

This meeting immediately checked Lyte's contempt for the Methodists and 'enthusiasts' in the area. It gave him for the first time a truly personal faith. And it inspired him to write hymns such as this famous version of Psalm 103.

Praise, my soul, the King of heaven;
    To his feet thy tribute bring.
Ransomed, healed, restored,
        forgiven,
    Who like thee his praise should
        sing?
Praise him! Praise him!
Praise the everlasting King.

Praise him for his grace and favour
    To our fathers in distress;
Praise him still the same for ever,
    Slow to chide, and swift to bless.
Praise him! Praise him!
Glorious in his faithfulness.

Father-like, he tends and spares us;
    Well our feeble frame he knows;
In his hands he gently bears us,
    Rescues us from all our foes.
Praise him! Praise him!
Widely as his mercy flows.

Angels in the height, adore him;
    Ye behold him face to face;
Sun and moon, bow down before
        him;
    Dwellers all in time and space.
Praise him! Praise him!
Praise with us the God of grace.

LET ALL THE WORLD
IN EVERY CORNER SING

As a young man, George Herbert did not give much thought to God. But when he was thirty-six, he left the political rat-race of the court of King James I to become the rector of a country parish near Salisbury.

One of Herbert's great joys was music. Twice a week he would walk into Salisbury to play and sing with his friends at the cathedral.

One day he stopped on the way to help a man whose horse had collapsed in the mud under its load. The group of friends in Salisbury were surprised when Herbert, usually so smart and clean, arrived 'so soiled and discomposed'. One said he had 'disparaged himself by so dirty an employment'.

Herbert replied that the thought of what he had done would be music to him at midnight — and that the omission of it would have made discord in his conscience. 'I am bound to practise what I pray for . . . and I praise God for this occasion. Come, let's tune our instruments!'

Let all the world in every corner sing,
    My God and King!
  The heavens are not too high,
  His praise may thither fly;
  The earth is not too low,
  His praises there may grow.
Let all the world in every corner sing,
    My God and King!

Let all the world in every corner sing,
    My God and King!
  The church with psalms must shout,
  No door can keep them out;
  But above all, the heart
  Must bear the longest part.
Let all the world in every corner sing,
    My God and King!

GEORGE HERBERT (1593-1632)

O FOR A THOUSAND TONGUES TO SING

Charles Wesley was never quite sure of his own birthday. It was, after all, just before Christmas; he was his mother's eighteenth child, born some weeks premature, so small and frail that he seemed more dead than alive. For two months he neither cried nor opened his eyes.

But he was quite sure of the date of what he called his 'second birth' — 21 May 1738. On that day he responded to the love and grace of God. He wrote this hymn a year later, 'For the anniversary day of one's conversion'.

O for a thousand tongues to sing
　My great Redeemer's praise,
The glories of my God and King,
　The triumphs of his grace!

Jesus! the name that charms our
　　fears,
　That bids our sorrows cease;
'Tis music in the sinner's ears,
　'Tis life, and health, and peace.

He breaks the power of cancelled
　　sin,
　He sets the prisoner free;
His blood can make the foulest
　　clean,
　His blood availed for me.

He speaks, and, listening to his
　　voice,
　New life the dead receive,
The mournful, broken hearts rejoice,
　The humble poor believe.

Hear him, ye deaf; his praise, ye
　　dumb,
　Your loosened tongues employ;
Ye blind, behold your Saviour come,
　And leap, ye lame, for joy.

My gracious Master and my God,
　Assist me to proclaim,
To spread through all the earth
　　abroad
　The honours of thy name.

CHARLES WESLEY (1707–88)

TELL OUT, MY SOUL,
THE GREATNESS OF THE LORD

The seventeenth century was the great age of Bible translation. Parts of the eighteenth and nineteenth were boom periods for new hymns. The second half of the twentieth century has seen a flood of exciting new versions of the Bible in English as well as an upsurge of contemporary hymn-writing.

When Timothy Dudley-Smith was sent a review copy of the 1961 *New English Bible*, he was very struck by the beginning of Luke's Gospel. In this version, the *Magnificat*, or 'Song of Mary', begins with the words 'Tell out, my soul, the greatness of the Lord'. They inspired him to write this paraphrase, which is now one of the most popular of modern hymns. It is the only hymn in our book by a living author, but it stands as a reminder that the tradition of writing and singing new Christian songs is thriving today.

Tell out, my soul, the greatness of the Lord!
Unnumbered blessings, give my spirit voice;
Tender to me the promise of his word;
In God my Saviour shall my heart rejoice.

Tell out, my soul, the greatness of his name!
Make known his might, the deeds his arm has done;
His mercy sure, from age to age the same;
His holy name — the Lord, the Mighty One.

Tell out, my soul, the greatness of his might!
Powers and dominions lay their glory by.
Proud hearts and stubborn wills are put to flight,
The hungry fed, the humble lifted high.

Tell out, my soul, the glories of his word!
Firm is his promise, and his mercy sure.
Tell out, my soul, the greatness of the Lord
To children's children and for evermore!

TIMOTHY DUDLEY-SMITH (b. 1926)

ALL PEOPLE
THAT ON EARTH DO DWELL

The Swiss city of Geneva conjures up different images for different people. Some may remember holidays among lake and mountain scenery; others think of the United Nations and international diplomacy. It has also come to stand for the religious tradition of the Puritans, and the historic 'Geneva Bible'.

Even in the sixteenth century, Geneva was a great 'united nations' — of refugees fleeing from religious persecution. Among them was Scotsman William Kethe, who shared in translating the Bible and wrote this enduring hymn, based on Psalm 100. Its famous tune, written by a Frenchman, is known as the 'Old Hundredth'.

All people that on earth do dwell,
Sing to the Lord with cheerful
voice;
Him serve with fear, his praise
forth tell,
Come ye before him, and rejoice.

The Lord, ye know, is God indeed,
Without our aid he did us make;
We are his folk, he doth us feed,
And for his sheep he doth us
take.

For why? the Lord our God is
good:
His mercy is for ever sure;
His truth at all times firmly stood,
And shall from age to age
endure.

O enter then his gates with praise,
Approach with joy his courts
unto;
Praise, laud, and bless his name
always,
For it is seemly so to do.

To Father, Son, and Holy Ghost,
The God whom heaven and
earth adore,
From men and from the angel-host
Be praise and glory evermore.

WILLIAM KETHE (d. 1594)

GLORIOUS THINGS
OF THEE ARE SPOKEN

Today we usually expect a service in church to start with a hymn. But 200 years ago it was different — only the psalms could be sung.

John Newton played an important part in the battle to have hymns accepted in church. While in Liverpool, he and his wife Mary would often spend an hour on Sunday evenings praying and singing with friends. In his first parish as a minister, at Olney in Buckinghamshire, the week-night meeting where this hymn was first sung soon had to move to larger premises. And on Sundays, Newton's ministry attracted so many to the services that a gallery had to be built in the church to make room for everybody!

Glorious things of thee are spoken,
   Zion, city of our God;
He whose word cannot be broken
   Formed thee for his own abode.
On the Rock of ages founded,
   What can shake thy sure repose?
With salvation's walls surrounded,
   Thou may'st smile at all thy foes.

See! the streams of living waters,
   Springing from eternal love,
Well supply thy sons and daughters,
   And all fear of want remove.
Who can faint while such a river
   Ever flows their thirst to assuage?
Grace which, like the Lord the giver,
   Never fails from age to age.

Round each habitation hovering,
   See the cloud and fire appear
For a glory and a covering,
   Showing that the Lord is near.
Thus they march, the pillar leading,
   Light by night and shade by day;
Daily on the manna feeding
   Which he gives them when
      they pray.

Saviour, if of Zion's city
   I through grace a member am,
Let the world deride or pity,
   I will glory in thy name.
Fading is the worldling's pleasure,
   All his boasted pomp and show;
Solid joys and lasting treasure
   None but Zion's children know.

JOHN NEWTON (1725-1807)

NOW
THANK WE ALL OUR GOD

Germany in the seventeenth century was in the throes of the Thirty Years' War. Martin Rinkart was a Lutheran pastor in the walled city of Eilenberg in Saxony. In spite of his frail physique, he stayed there throughout the war, enduring the horrors of famine and plague. He helped refugees from other areas who came to the city. When all the other pastors had either fled or died, he ministered to the sick and dying, and conducted some 4,500 funerals, including that of his own wife. Towards the end of the war, the city was besieged or overrun, once by the Austrians and twice by the Swedes. The Swedish general demanded a vast levy from Eilenberg's already desperate citizens; Martin pleaded with him, but in vain. So he turned to his friends and said, 'Come, my children; we can find no mercy with man — let us take refuge with God.' The general was so moved at seeing pastor and people praying and singing on their knees that the demand was reduced to less than a twentieth of the original sum.

This hymn, which began as a family grace said before meals, was sung as a national thanksgiving at the end of the Thirty Years' War.

Now thank we all our God
  With hearts and hands and voices,
Who wondrous things hath done,
  In whom his world rejoices;
Who from our mother's arms
  Hath blessed us on our way
With countless gifts of love,
  And still is ours today.

O may this bounteous God
  Through all our life be near us,
With ever joyful hearts
  And blessèd peace to cheer us;
And keep us in his grace,
  And guide us when perplexed,
And free us from all ills
  In this world and the next.

All praise and thanks to God
  The Father now be given,
The Son, and Holy Ghost,
  Supreme in highest heaven;
The one eternal God,
  Whom earth and heaven adore
For thus it was, is now,
  And shall be evermore.

MARTIN RINKART (1586-1649)
translated by CATHERINE WINKWORTH (1827-78)

HOLY, HOLY, HOLY

'Dad, when was the first Trinity Sunday?'
Dad could not answer that perfectly serious and innocent
question quite as easily as he could talk about the first
Christmas or the first Easter.

Trinity Sunday is the one festival in the church's year
marking not an event but a fact — the truth about the nature
of God himself. And the words of 'Holy, holy, holy' stand
almost alone among hymns; they simply attempt to describe,
and worship, the three persons of the Godhead. Reginald
Heber wrote them for one Trinity Sunday at his parish church
in Shropshire.

When Heber was only forty, he became Bishop of Calcutta.
But three years of travel and responsibility for the whole of
India broke his health. Many of his stirring missionary hymns
were published after his death.

Holy, Holy, Holy! Lord God
    Almighty!
  Early in the morning our song
    shall rise to thee;
Holy, Holy, Holy! Merciful and
    mighty!
  God in three Persons, blessed
    Trinity!

Holy, Holy, Holy! though the
    darkness hide thee,
  Though the eye of sinful man
    thy glory may not see,
Only thou art holy, there is none
    beside thee
  Perfect in power, in love, and
    purity.

Holy, Holy, Holy! all the saints
    adore thee,
  Casting down their golden
    crowns around the glassy sea;
Cherubim and seraphim falling
    down before thee,
  Which wert, and art, and
    evermore shalt be.

Holy, Holy, Holy! Lord God
    Almighty!
  All thy works shall praise thy
    name, in earth, and sky, and
    sea;
Holy, Holy, Holy! Merciful and
    mighty!
  God in three Persons, blessed
    Trinity!

REGINALD HEBER (1783–1826)

HOW SWEET
THE NAME OF JESUS SOUNDS

Neither John Newton's language nor his talent for verse had always been used for sacred purposes. In his early days on board ship, he taught the rest of the crew a song he had composed; what the lyrics said about the captain, his character, his family and his ship, was unprintable — like most of Newton's general conversation.

Another captain under whom he served was so appalled by Newton's constant blasphemy that when the weather turned stormy, he was convinced that he had a Jonah on board: Newton would have to go!

His conversion to Jesus Christ brought about startling changes for Newton, and this hymn is clear evidence that his mouth had had a spring-clean! He now used the name of Jesus in a new way, and his gift for choice words had been completely redirected.

How sweet the name of Jesus
  sounds
  In a believer's ear!
It soothes his sorrows, heals his
  wounds,
  And drives away his fear.

It makes the wounded spirit whole,
  And calms the troubled breast;
'Tis manna to the hungry soul,
  And to the weary rest.

Dear name! the rock on which I
  build,
  My shield and hiding-place,
My never-failing treasury filled
  With boundless stores of grace.

Jesus! my Shepherd, Husband,
  Friend,
  My Prophet, Priest, and King,
My Lord, my Life, my Way, my
  End,
  Accept the praise I bring.

Weak is the effort of my heart,
  And cold my warmest thought;
But when I see thee as thou art,
  I'll praise thee as I ought.

Till then I would thy love proclaim
  With every fleeting breath;
And may the music of thy name
  Refresh my soul in death.

JOHN NEWTON (1725–1807)

ALL CREATURES
OF OUR GOD AND KING

Francis of Assisi was born into a wealthy Italian family. His father, a cloth merchant, was furious when Francis was converted to Jesus Christ and took seriously the words in the Gospels about giving to the poor.

Turning his back on a life of luxury, Francis travelled around the countryside with a few followers, preaching God's love for every living creature. He loved God's world of nature and saw all created things as objects of love which point to their Creator. And in the growing cities, he preached the gospel while living in utter poverty among ordinary people.

In the last year of his short life, ill, in pain and almost blind, Francis wrote his *Canticle of the Sun*, beginning 'All creatures of our God and King'. It was an early Italian version of the church's *Benedicite* — 'O all ye works of the Lord, bless ye the Lord'.

All creatures of our God and King,
Lift up your voice and with us sing
   Alleluia, Alleluia!
Thou burning sun with golden beam,
Thou silver moon with softer gleam:
O praise him, O praise him,
Alleluia, Alleluia, Alleluia!

Thou flowing water, pure and clear,
Make music for thy Lord to hear,
   Alleluia, Alleluia!
Thou fire so masterful and bright,
That givest man both warmth and light:

And all ye men of tender heart,
Forgiving others, take your part,
   O sing ye, Alleluia!
Ye who long pain and sorrow bear,
Praise God and on him cast your care;

Let all things their Creator bless,
And worship him in humbleness;
   O praise him, Alleluia!
Praise, praise the Father, praise the Son,
And praise the Spirit, Three in One;

FRANCIS OF ASSISI (1182–1226)
translated by WILLIAM DRAPER (1855–1933)

ALL THINGS
BRIGHT AND BEAUTIFUL

The chief writer of hymns for children in the nineteenth century was undoubtedly Mrs Cecil Frances Alexander, whose husband became primate of all Ireland. She wanted to help children understand the Christian faith. Of her 400 hymns, several were written to explain the meaning of phrases from the Apostles' Creed. 'All things bright and beautiful' explains in language children can understand the Creed's opening words: 'I believe in God, the Father Almighty, Maker of heaven and earth.'

All things bright and beautiful,
All creatures great and small,
All things wise and wonderful,
The Lord God made them all.

Each little flower that opens,
　Each little bird that sings,
He made their glowing colours,
　He made their tiny wings.

The purple-headed mountain,
　The river running by,
The sunset, and the morning
　That brightens up the sky.

The cold wind in the winter,
　The pleasant summer sun,
The ripe fruits in the garden,
　He made them every one.

The tall trees in the greenwood,
　The meadows where we play,
The rushes by the water
　We gather every day:

He gave us eyes to see them,
　And lips that we might tell
How great is God Almighty
　Who has made all things well.

LET US,
WITH A GLADSOME MIND

'Either teach or learn, or leave': the motto, painted in Latin on the windows of St Paul's School in London, was hardly needed by John Milton, one of its brightest pupils.

He had 'a delicate, tuneable voice' and had inherited his father's love of music and books. He often sat up well after midnight to study Latin or Greek by candlelight. When he complained of headaches and tired eyes, no one recognized the warning signs; in his early forties he became totally blind.

Milton was fifteen, in his last year at St Paul's in 1623, when he wrote these lines. He put Psalm 136 into English verse, perhaps as a school exercise. This version makes him the youngest contributor to many hymn-books.

Let us, with a gladsome mind,
Praise the Lord, for he is kind:
For his mercies aye endure,
Ever faithful, ever sure.

Let us blaze his name abroad,
For of gods he is the God:

He with all-commanding might
Filled the new-made world with
   light:

Caused the golden-tressèd sun
All day long his course to run:

The hornèd moon to shine by night
'Mongst her spangled sisters bright:

He his chosen race did bless
In the wasteful wilderness:

He hath, with a piteous eye,
Looked upon our misery:

All things living he doth feed;
His full hand supplies their need:

Let us therefore warble forth
His great majesty and worth:

JOHN MILTON (1608–74)

WE PLOUGH THE FIELDS

This hymn was written by a layman. The author of the original German words was in turn a Commissioner of Agriculture and Manufacture, a newspaper editor and a bank auditor. His Christian faith wavered under the influence of the eighteenth-century view that man was his own saviour and master of his own destiny. But after a serious illness he turned again to the Maker of all things, and the heavenly Father who loves and cares for his children.

He wrote this hymn as part of a dramatic sketch; its theme was the festival of harvest thanksgiving at a German farmhouse.

We plough the fields, and scatter
    The good seed on the land,
But it is fed and watered
    By God's almighty hand:
He sends the snow in winter,
    The warmth to swell the grain,
The breezes and the sunshine,
    And soft refreshing rain:
All good gifts around us
    Are sent from heaven above;
Then thank the Lord, O thank the Lord,
    For all his love.

He only is the maker
    Of all things near and far,
He paints the wayside flower,
    He lights the evening star.
The winds and waves obey him,
    By him the birds are fed;
Much more to us, his children,
    He gives our daily bread:

We thank thee, then, O Father,
    For all things bright and good,
The seed-time and the harvest,
    Our life, our health, our food:
Accept the gifts we offer
    For all thy love imparts,
And, what thou most desirest,
    Our humble, thankful hearts.

MATTHIAS CLAUDIUS (1740-1815)
translated by JANE M. CAMPBELL (1817-78)

WHEN I SURVEY
THE WONDROUS CROSS

Five-year-old Isaac Watts was asked by his father why he had giggled in the middle of their solemn family prayers. He said that through his fingers he had seen a mouse running up the bell-rope, and had suddenly thought,

'There was a mouse, for want of stairs,
Ran up a rope to say his prayers'!

But it wasn't until he was about twenty that he ventured to complain to his father about the grim verse of the metrical psalms they had to sing at Above Bar Chapel in Southampton. 'Try then whether you can yourself produce something better,' was the answer.

The young man who had learned Latin at four, Greek at nine, French at ten and Hebrew at thirteen, sat down to write straight away, and never looked back. In all, he wrote about 750 hymns. Many people regard this as the greatest of them all.

When I survey the wondrous cross
　On which the Prince of glory died,
My richest gain I count but loss,
　And pour contempt on all my
　　pride.

Forbid it, Lord, that I should boast
　Save in the death of Christ my
　　God;
All the vain things that charm me
　most,
　I sacrifice them to his blood.

See from his head, his hands, his feet,
　Sorrow and love flow mingled
　　down!
Did e'er such love and sorrow meet,
　Or thorns compose so rich a
　　crown?

His dying crimson like a robe,
　Spreads o'er his body on the tree;
Then am I dead to all the globe,
　And all the globe is dead to me.

Were the whole realm of nature
　mine,
　That were a present far too small;
Love so amazing, so divine,
　Demands my soul, my life, my all.

ISAAC WATTS (1674-1748)

34

THERE IS A GREEN HILL

Mrs Alexander was the daughter of a major and the wife of a bishop. She was a tireless visitor, going from cottage to cottage in all weathers, supporting her husband's work in his diocese in Northern Ireland.

This hymn, dating from before her marriage, was written at the bedside of a child who was ill. The profits from *Hymns for Little Children*, where it first appeared in print, went to a school for deaf and dumb children in Londonderry. And Mendelssohn's friend William Horsley, who wrote the famous tune, was organist for eighteen years at a home for orphan girls in London.

The girl for whom the words were written recovered from her illness, and always regarded the hymn as especially hers, even when she grew up. Its greatness lies in the fact that so many other adults have done the same.

There is a green hill far away
   Outside a city wall,
Where the dear Lord was crucified,
   Who died to save us all.

We may not know, we cannot tell,
   What pains he had to bear,
But we believe it was for us
   He hung and suffered there.

He died that we might be forgiven,
   He died to make us good,
That we might go at last to heaven,
   Saved by his precious blood.

There was no other good enough
   To pay the price of sin;
He only could unlock the gate
   Of heaven, and let us in.

O dearly, dearly has he loved,
   And we must love him too,
And trust in his redeeming blood,
   And try his works to do.

CECIL FRANCES ALEXANDER (1818-95)

ROCK OF AGES

It was August 1756. A small group of people was meeting in a wooden barn in a village in Southern Ireland. The speaker, a layman named Morris, could hardly spell his own name, but he could read and understand the apostle Paul's words in Ephesians: 'But now in Christ Jesus ye who sometimes were far off are made nigh by the blood of Christ.' And, as he spoke, sixteen-year-old Augustus Toplady put his trust in Christ for the first time.

Toplady's most famous hymn grew from a single four-line verse appearing in *The Gospel Magazine*. He could be a bitter and obsessive controversialist, but this hymn has outlasted all his volumes of argument.

Rock of ages, cleft for me,
Let me hide myself in thee.
Let the water and the blood
From thy riven side which flowed
Be of sin the double cure,
Cleanse me from its guilt and power.

Not the labours of my hands
Can fulfil thy law's demands;
Could my zeal no respite know,
Could my tears for ever flow,
All for sin could not atone;
Thou must save, and thou alone.

Nothing in my hand I bring;
Simply to thy cross I cling;
Naked, come to thee for dress,
Helpless, look to thee for grace;
Foul, I to the fountain fly:
Wash me, Saviour, or I die!

While I draw this fleeting breath,
When my eyelids close in death;
When I soar through tracts unknown,
See thee on thy judgement throne,
Rock of ages, cleft for me,
Let me hide myself in thee.

AUGUSTUS TOPLADY (1740-78)

AND CAN IT BE

In spite of their differing temperaments, brothers John and Charles Wesley did many things together. At Oxford they formed the 'Holy Club' and earned the name of 'Methodist'; in Georgia they were none-too-successful missionaries; in London in 1738 they each found the experience that brought them peace with God. They also published hymn-books together. Although no one is quite sure which of the brothers wrote this hymn, Charles usually gets the credit.

He was converted to a living, personal faith while staying with a brazier called John Bray, who lived almost under the shadow of St Paul's Cathedral. On the Sunday when his 'chains fell off', Charles read in his *Book of Common Prayer* from Psalm 40: 'He hath put a new song in my mouth: even a thanksgiving unto our God.'

For the man who wrote nearly 7,000 new songs of praise to God, those were prophetic words.

And can it be that I should gain
  An interest in the Saviour's
    blood?
Died he for me, who caused his
    pain?
  For me, who him to death
    pursued?
Amazing love! how can it be
That thou, my God, shouldst die
    for me!

He left his Father's throne above,
  So free, so infinite his grace,
Emptied himself of all but love,
  And bled for Adam's helpless
    race.
'Tis mercy all, immense and free;
For, O my God, it found out me!

Long my imprisoned spirit lay
  Fast bound in sin and nature's
    night;
Thine eye diffused a quickening ray —
  I woke, the dungeon flamed
    with light;
My chains fell off, my heart was free,
I rose, went forth, and followed
    thee.

No condemnation now I dread;
  Jesus, and all in him, is mine!
Alive in him, my living head,
  And clothed in righteousness
    divine,
Bold I approach the eternal throne,
And claim the crown, through
    Christ, my own.

CHARLES WESLEY (1707–88)

JESUS LIVES!

The German Lutheran who wrote this hymn was known for his bad memory — and his generous spirit.

As assistant pastor to his father, he could not remember his own sermons well enough to preach without notes — and reading the sermon was frowned on. So he became a lecturer instead, and as Professor of Philosophy he filled his lecture-room to overflowing.

His kindness overflowed too. He gave away so much that when Prince Henry of Prussia visited him, he found him living in one empty room without food or fire. But, if only with this one Easter hymn, he has made many others rich.

Jesus lives! thy terrors now
　　Can, O death, no more appal us;
Jesus lives! by this we know
　　Thou, O grave, canst not
　　　　enthral us. Alleluia!

Jesus lives! henceforth is death
　　But the gate of life immortal;
This shall calm our trembling
　　　breath,
　　When we pass its gloomy
　　　portal. Alleluia!

Jesus lives! for us he died;
　　Then, alone, to Jesus living,
Pure in heart may we abide,
　　Glory to our Saviour giving.
　　　Alleluia!

Jesus lives! our hearts know well
　　Nought from us his love shall
　　　sever;
Life, nor death, nor powers of hell
　　Tear us from his keeping ever.
　　　Alleluia!

Jesus lives! to him the throne
　　Over all the world is given;
May we go where he is gone,
　　Rest and reign with him in
　　　heaven. Alleluia!

CHRISTIAN GELLERT (1715–69)
translated by FRANCES COX (1812–97)

THE HEAD THAT ONCE
WAS CROWNED WITH THORNS

Thomas Kelly was the son of an Irish judge. He was ordained but fell foul of his bishop and founded his own sect, which nearly died with him. But this hymn has stood the test of time.

Kelly's practical faith was put to the test during a year of severe famine. He was loved by the poorest of the people for his kindness. One man cheered up his anxious wife by saying, 'Hold up, Bridget — there's always Mister Kelly to pull us out of the mire after we've sunk for the last time!'

The head that once was crowned
    with thorns
  Is crowned with glory now:
A royal diadem adorns
  The mighty Victor's brow.

The highest place that heaven
    affords
  Is his, is his by right,
The King of kings and Lord of
    lords,
  And heaven's eternal Light;

The joy of all who dwell above,
  The joy of all below,
To whom he manifests his love,
  And grants his name to know.

To them the cross, with all its
    shame,
  With all its grace is given:
Their name an everlasting name,
  Their joy the joy of heaven.

They suffer with their Lord below,
  They reign with him above,
Their profit and their joy to know
  The mystery of his love.

The cross he bore is life and health,
  Though shame and death to
    him;
His people's hope, his people's
    wealth,
  Their everlasting theme.

THOMAS KELLY (1769–1855)

AMAZING GRACE

A violent storm at sea was the turning-point in John Newton's life.

Motherless at six and sent to sea on his eleventh birthday, he soon became a teenage rebel. He was press-ganged into the navy and flogged for desertion. Newton became involved with the African slave-trade and came close to starvation while living in extreme poverty in Sierra Leone.

But in March 1748, at the age of twenty-three, he was on board a cargo ship which was fighting for its life against heavy seas and rough weather. Worn out with pumping and almost frozen, he called out for God's mercy at the height of the storm, and was amazed to be saved from almost certain death.

Newton's life had many twists and turns. Eventually he renounced his involvement with slave-trading and, at thirty-nine, became a minister in the church. He persuaded the young William Wilberforce to stay in politics, and joined him in the fight to abolish the slave-trade.

Amazing grace! how sweet the sound
That saved a wretch like me!
I once was lost, but now am found,
Was blind, but now I see.

'Twas grace that taught my heart to fear,
And grace my fears relieved;
How precious did that grace appear
The hour I first believed!

The Lord has promised good to me,
His word my hope secures;
He will my shield and portion be
As long as life endures.

Through many dangers, toils, and snares
I have already come;
'Tis grace that brought me safe thus far
And grace will lead me home.

Yes, when this heart and flesh shall fail
And mortal life shall cease
I shall possess within the veil
A life of joy and peace.

JOHN NEWTON (1725-1807)

JESUS LOVES ME

In October 1949 Chairman Mao Tse Tung declared the establishment of the People's Republic of China. It quickly became apparent that all western Christians would have to leave the country. Soon mainland China was closed to Christians outside.

The church in China went through a very hard time. The little news that did leak out had to be discreet. And in one message received in 1972, there was a sentence which read, 'The *this I know* people are well.'

To the authorities the words did not make sense. But such is the international language of Christian songs that friends outside the bamboo curtain knew immediately that their fellow-believers were in good heart.

Jesus loves me, this I know,
For the Bible tells me so;
Little ones to him belong,
They are weak, but he is strong.

Jesus loves me! He who died
Heaven's gate to open wide;
He will wash away my sin,
Let his little child come in.

Yes, Jesus loves me;
    yes, Jesus loves me;
Yes, Jesus loves me,
    the Bible tells me so.

ANNA WARNER (1820–1915)

TO GOD BE THE GLORY!

Fanny Crosby, the American singer and musician, was blind from the age of six weeks. She married her music teacher, Alexander Van Alstyne, who was also blind. She once signed an unusual contract with a publisher: to write three songs every week all through the year. In all she wrote many thousands.

Although American evangelists Moody and Sankey used this hymn on their missions, it did not become an immediate favourite. But Billy Graham featured it in his Harringay crusade in 1954 — and soon Londoners were singing it on their way home, in streets and bus queues and underground trains.

Dr Graham took it back to the United States, introduced it next at Nashville, Tennessee, and saw it take its place in the group of top favourites.

To God be the glory! great things he hath done!
So loved he the world that he gave us his Son,
Who yielded his life an atonement for sin,
And opened the life-gate that all may go in.

Praise the Lord! Praise the Lord! Let the earth hear
his voice!
Praise the Lord! Praise the Lord! Let the people rejoice!
O come to the Father through Jesus the Son;
And give him the glory — great things he hath done!

O perfect redemption, the purchase of blood!
To every believer the promise of God;
The vilest offender who truly believes,
That moment from Jesus a pardon receives.

Great things he hath taught us, great things he hath done,
And great our rejoicing through Jesus the Son:
But purer and higher and greater will be
Our wonder, our transport, when Jesus we see!

FANNY CROSBY (1820-1915)

LOVE DIVINE

Court composer Henry Purcell and Poet Laureate John Dryden were a powerful combination in late seventeenth-century England. When they got together to write a patriotic song — part of the opera *King Arthur* — it was an ideal partnership:

'Fairest Isle, all isles excelling,
Seat of pleasures and of loves,
Venus here will choose her dwelling
And forsake her Cyprian groves . . .'

But for Charles Wesley, a generation later, this was just not good enough. Venus, Jove and Cupid, he felt, were getting more than enough honours paid to them; so he wrote these new words to be sung to Purcell's tune.

Instead of pagan legends, Wesley's verses are full of the Bible; instead of glorifying the mythical deities of Mount Olympus, he wrote in praise of Jesus.

Love divine, all loves excelling,
Joy of heaven, to earth come down!
Fix in us thy humble dwelling,
All thy faithful mercies crown:
Jesu, thou art all compassion,
Pure, unbounded love thou art:
Visit us with thy salvation,
Enter every trembling heart.

Come, almighty to deliver,
Let us all Thy grace receive;
Suddenly return, and never,
Never more thy temples leave:
Thee we would be always blessing,
Serve thee as thy hosts above,
Pray, and praise thee, without ceasing,
Glory in thy perfect love.

Finish then thy new creation,
Pure and spotless let us be;
Let us see thy great salvation,
Perfectly restored in thee;
Changed from glory into glory,
Till in heaven we take our place,
Till we cast our crowns before thee,
Lost in wonder, love and praise!

CHARLES WESLEY (1707-88)

TAKE MY LIFE

Frances Ridley Havergal was a natural musician and could have been a professional singer. She was not strong physically — she 'hoped the angels would have orders to let her alone a bit when she first got to heaven' — but she worked hard and used her musical and linguistic gifts to the full. This hymn was written on the last night of a five-day visit to a friend's home, where she wanted everyone to commit themselves wholeheartedly to God and experience his blessings.

She lived out the words in her hymns, too. She once wrote to another friend: ' "Take my silver and my gold" now means shipping off all my ornaments — including a jewel cabinet which is really fit for a countess — to the Church Missionary Society . . . I retain only a brooch for daily wear, which is a memorial of my dear parents; also a locket . . . I had no idea I had such a jeweller's shop . . . I don't think I need tell you I never packed a box with such pleasure.'

Take my life, and let it be
Consecrated, Lord, to thee;
Take my moments and my days,
Let them flow in ceaseless praise.

Take my hands, and let them move
At the impulse of thy love.
Take my feet, and let them be
Swift and beautiful for thee.

Take my voice, and let me sing
Always, only, for my King;
Take my lips, and let them be
Filled with messages from thee.

Take my silver and my gold;
Not a mite would I withhold;
Take my intellect, and use
Every power as thou shalt choose.

Take my will, and make it thine:
It shall be no longer mine.
Take my heart; it is thine own:
It shall be thy royal throne.

Take my love; my Lord, I pour
At thy feet its treasure-store.
Take myself, and I will be
Ever, only, all, for thee.

FRANCES RIDLEY HAVERGAL (1836–79)

GUIDE ME,
O THOU GREAT JEHOVAH

It was a fiery open-air sermon by Howell Harris, the Welsh evangelist, that gave to young medical student William Williams a new ambition and a new vocation.
And it was open-air preaching that Williams himself took up after an abortive start in the Church of England ministry. For almost half a century he travelled over the mountains, roads and tracks of Wales, averaging some 3,000 miles a year on horseback or on foot. Of the 800 hymns that he wrote in Welsh, this is his greatest. The tune 'Cwm Rhondda' did not appear until the twentieth century, but it is now inseparable from the words. And Welshmen are unrivalled singers of it, not least in the open air.

Guide me, O thou great Jehovah,
  Pilgrim through this barren land;
I am weak, but thou art mighty,
  Hold me with thy powerful
    hand:
  Bread of heaven,
Feed me till I want no more.

Open now the crystal fountain,
  Whence the healing stream doth
    flow;
Let the fire and cloudy pillar
  Lead me all my journey through:
  Strong Deliverer,
Be thou still my strength and
    shield.

When I tread the verge of Jordan,
  Bid my anxious fears subside;
Death of death, and hell's
    destruction,
  Land me safe on Canaan's side:
  Songs of praises
I will ever give to thee.

WILLIAM WILLIAMS (1717-91)
translated by PETER WILLIAMS (1722-96) and others

THE LORD'S MY SHEPHERD

A voyage from Britain to India in 1830 was nearly a disaster. A ship was wrecked in a violent storm off the Cape of Good Hope. No lives were lost, but almost everything else was. Alexander Duff, educational statesman and the first missionary sent to India by the Presbyterian Church of Scotland, lost an entire personal library — all except two books: his Bible and a Scottish Psalm Book were washed ashore. He took that as a parable. From now on he would concentrate on essentials.

In India, his household began each day by singing a psalm. And the words of Psalm 23 came vividly to his mind as he saw a shepherd leading his sheep across a precipitous track in the northern mountains. The man carried a long rod, with a hook at one end to help the sheep, and an iron band at the other for beating off wild animals. The rod and the staff, said Duff, were both needed — for guidance and defence.

This Scottish version of the twenty-third psalm is the consistent favourite among metrical psalms sung today.

The Lord's my shepherd, I'll not want;
  He makes me down to lie
In pastures green; he leadeth me
  The quiet waters by.

My soul he doth restore again,
  And me to walk doth make
Within the paths of righteousness,
E'en for his own name's sake.

Yea, though I walk in death's dark vale,
  Yet will I fear none ill,
For thou art with me, and thy rod
  And staff me comfort still.

My table thou hast furnishèd
  In presence of my foes;
My head with oil thou dost anoint
  And my cup overflows.

Goodness and mercy all my life
  Shall surely follow me;
And in God's house for evermore
  My dwelling-place shall be.

SCOTTISH PSALTER (1650)

A SAFE STRONGHOLD
OUR GOD IS STILL

Martin Luther was the leading figure of the Reformation of the church in Germany in the sixteenth century. As an obscure monk studying at a university, he rediscovered for himself that the only way to God was through faith in Jesus Christ.

It was a time when ordinary people were being promised a way out of hell if they would give money to rebuild St Peter's Church in Rome. Luther spoke out against such abuses. He was keen that people should read and understand the Bible for themselves, so he translated the New Testament from Greek into German. He introduced the German language into church services, which had previously been conducted in Latin. Luther also led the way in congregational hymn-singing, setting new words to the popular tunes of the day.

A safe stronghold our God is still,
  A trusty shield and weapon.
He'll help us clear from all the ill
    That hath us now o'ertaken.
      The ancient prince of hell
      Hath risen with purpose fell;
      Strong mail of craft and power
      He weareth in this hour;
On earth is not his fellow.

With force of arms we nothing can;
  Full soon were we down-ridden.
But for us fights the proper Man
    Whom God himself hath bidden.
      Ask ye, Who is this same?
      Christ Jesus is his name,
      The Lord Sabaoth's Son;
      He, and no other one,
Shall conquer in the battle.

And were this world all devils o'er,
  And watching to devour us.
We lay it not to heart so sore;
    Not they can overpower us.
      And let the prince of ill
      Look grim as e'er he will,
      He harms us not a whit;
      For why? his doom is writ —
A word shall quickly slay him.

God's word, for all their craft and force,
  One moment will not linger,
But, spite of hell, shall have its course;
    'Tis written by his finger.
      And though they take our life,
      Goods, honour, children, wife,
      Yet is their profit small;
      These things shall vanish all;
The City of God remaineth.

MARTIN LUTHER (1483–1546)
translated by THOMAS CARLYLE (1795–1881)

WHO WOULD
TRUE VALOUR SEE

Christiana and her four sons are nearing the goal of the pilgrimage when they meet a wounded man on the road. His name is Mr Valiant-for-Truth. They wash his wounds, give him food and drink, and learn his story as they travel on together.

Spurred on by the example of Christian himself, Mr Valiant-for-Truth had set out on the journey from the City of Destruction to the Celestial City. He relates the obstacles and battles along the way and, since pilgrims love to sing, launches into 'Who would true valour see . . .'

This is just a part of John Bunyan's masterpiece, *The Pilgrim's Progress*, an allegory of a Christian's spiritual pilgrimage. Now a classic of English literature, it was written while Bunyan was imprisoned in Bedford jail. He was persecuted for his faith and his preaching — but though his voice was silenced for a while, his pen was not.

Who would true valour see,
    Let him come hither;
One here will constant be,
    Come wind, come weather.
There's no discouragement
Shall make him once relent
His first avowed intent
    To be a pilgrim.

Who so beset him round
    With dismal stories,
Do but themselves confound;
    His strength the more is.
No lion can him fright,
He'll with a giant fight,
But he will have a right
    To be a pilgrim.

Hobgoblin nor foul fiend
    Can daunt his spirit;
He knows he at the end
    Shall life inherit.
Then fancies fly away;
He'll fear not what men say;
He'll labour night and day
    To be a pilgrim.

JOHN BUNYAN (1628–88)

ABIDE WITH ME

At the FA Cup Final at Wembley Stadium in April 1927, Cardiff City's 1-0 victory over Arsenal took football's oldest trophy out of England for the first and only time.

That match was also another 'first'. King George V was one of the 100,000 crowd who sang 'Abide with me' at a Wembley final for the first time. And since 1927 the hymn has always had a special link with Wembley. These words are now heard every Cup Final afternoon by a television audience of over 15 million in Britain alone, and by many more millions on radio and television around the world.

Abide with me; fast falls the eventide;
The darkness deepens; Lord, with me abide!
When other helpers fail, and comforts flee,
Help of the helpless, O abide with me.

Swift to its close ebbs out life's little day;
Earth's joys grow dim, its glories pass away;
Change and decay in all around I see;
O thou who changest not, abide with me.

I need thy presence every passing hour;
What but thy grace can foil the tempter's power?
Who like thyself my guide and stay can be?
Through cloud and sunshine, O abide with me.

I fear no foe with thee at hand to bless;
Ills have no weight, and tears no bitterness.
Where is death's sting? where, grave, thy victory?
I triumph still, if thou abide with me.

Hold thou thy cross before my closing eyes;
Shine through the gloom, and point me to the skies;
Heaven's morning breaks, and earth's vain shadows flee;
In life, in death, O Lord, abide with me!

HENRY FRANCIS LYTE (1793-1847)

THROUGH ALL
THE CHANGING SCENES OF LIFE

'Tate and Brady' were once as familiar and inseparable a pair of names as Laurel and Hardy or Rodgers and Hammerstein.

They were Irish Protestants whose *New Version* of metrical psalms, published in 1696, replaced the so-called *Old Version* of the previous generation. This version of part of Psalm 34 is the one survivor that has stayed the course for nearly three centuries.

But new versions always have their critics. Brady's own church would have none of it; to them it was 'an innovation not to be endured'. And Tate's brother had a maid who refused to come to family prayers because of it. 'As long as you sang Jesus Christ's psalms, I sung along with ye,' she said. 'But now that you sing psalms of your own invention, ye may sing by yourselves!'

Through all the changing scenes of life,
 In trouble and in joy,
The praises of my God shall still
 My heart and tongue employ.

The hosts of God encamp around
 The dwellings of the just;
Deliverance he affords to all
 Who on his succour trust.

O magnify the Lord with me,
 With me exalt his name;
When in distress to him I called,
 He to my rescue came.

O make but trial of his love,
 Experience will decide
How blest they are, and only they,
 Who in his truth confide.

Fear him, ye saints, and you will then
 Have nothing else to fear;
Make you his service your delight,
 Your wants shall be his care.

NAHUM TATE (1652–1715)
NICHOLAS BRADY (1659–1726)

WHAT A FRIEND
WE HAVE IN JESUS

On the eve of Joseph Scriven's intended wedding-day, his bride-to-be was tragically drowned. Later he emigrated from Ireland to Canada. Once again he became engaged to be married, only to lose his second fiancée after a brief but fatal illness.

In spite of loneliness, poverty and his own precarious health, he spent the rest of his life helping the physically handicapped, as well as teaching and ministering among his fellow Christian Brethren in Ontario.

But it was not his own troubles that led him to write this hymn. He sent the words to his mother when she was going through a very distressing time. So, as with many other hymns, a private message has become a source of comfort to people across the world.

What a Friend we have in Jesus
    All our sins and griefs to bear;
What a privilege to carry
    Everything to God in prayer.
O what peace we often forfeit,
    O what needless pain we bear;
All because we do not carry
    Everything to God in prayer.

Have we trials and temptations?
    Is there trouble anywhere?
We should never be discouraged;
    Take it to the Lord in prayer.
Can we find a friend so faithful
    Who will all our sorrows share?
Jesus knows our every weakness;
    Take it to the Lord in prayer.

Are we weak and heavy-laden,
    Cumbered with a load of care?
Precious Saviour, still our refuge —
    Take it to the Lord in prayer.
Do thy friends despise, forsake thee?
    Take it to the Lord in prayer;
In his arms he'll take and shield thee,
    Thou wilt find a solace there.

JOSEPH MEDLICOTT SCRIVEN (1819–86)

ETERNAL FATHER, STRONG TO SAVE

By 1950, the American writer Albert E. Bailey had made the Atlantic crossing by sea forty-nine times. And every Sunday on board, he says, this hymn was sung at the ship's morning service.

It is sung in war and peace, on great public occasions as well as by lifeboatmen or fishermen in lonely coastal villages — and now in many languages around the world too. It is only surprising that it was written by a landsman — a short, bespectacled schoolmaster whose health was never robust.

Eternal Father, strong to save,
Whose arm doth bind the restless wave,
Who bidd'st the mighty ocean deep
Its own appointed limits keep:
  O hear us when we cry to thee
  For those in peril on the sea.

O Christ, whose voice the waters heard
And hushed their raging at thy word,
Who walkedst on the foaming deep,
And calm amid the storm didst sleep:
  O hear us when we cry to thee
  For those in peril on the sea.

O Holy Spirit, who didst brood
Upon the waters dark and rude,
And bid their angry tumult cease,
And give, for wild confusion, peace:
  O hear us when we cry to thee
  For those in peril on the sea.

O Trinity of love and power,
Our brethren shield in danger's hour;
From rock and tempest, fire and foe,
Protect them wheresoe'er they go:
  Thus evermore shall rise to thee
  Glad hymns of praise from land and sea.

WILLIAM WHITING (1825-78)

JUST AS I AM

A white-haired, hard-hitting Southern Baptist preacher called Mordecai Ham was leading an eleven-week evangelistic campaign in the town of Charlotte, South Carolina, in September 1934.

Among his crowd of listeners was a local farmer's son — tall, good-looking William Franklin Graham. He had not been too keen to attend — religion to him was 'all hogwash' — but this evangelist held him spellbound. One night, as the choir sang 'Just as I am', the young man walked to the front, as a sign of his new-found faith in Christ, the Lamb of God.

Billy Graham has since become a world figure. He has spoken live to more people than any other man in history. And in every continent, in his own evangelistic crusades, he has used the hymn that meant so much to him.

Just as I am — without one plea.
But that thy blood was shed for me,
And that thou bidst me come to thee,
   O Lamb of God, I come.

Just as I am — though tossed about
With many a conflict, many a doubt,
Fightings and fears within, without —
   O Lamb of God, I come.

Just as I am — thou wilt receive,
Wilt welcome, pardon, cleanse, relieve,
Because thy promise I believe —
   O Lamb of God, I come.

Just as I am — thy love unknown
Has broken every barrier down;
Now to be thine, yea, thine alone —
   O Lamb of God, I come.

Just as I am — of that free love
The breadth, length, depth and height to prove,
Here for a season, then above —
   O Lamb of God, I come.

CHARLOTTE ELLIOTT (1789-1871)

DEAR LORD
AND FATHER OF MANKIND

'I am really not a hymn writer', said the American poet who wrote these verses. And few who started to read *The Brewing of Soma* by John Greenleaf Whittier would guess what was coming. It is a long poem, describing at first how 'soma', an intoxicating drink, was made to prepare Indian worshippers for their frenzied Vedic rites. By way of contrast, at the end of the poem, Whittier turns to the God and Father of our Lord Jesus Christ.

Within twelve years of the poem's publication, these five verses were being used separately as a Christian hymn, and few now remember their origin. Whittier belonged to the Society of Friends, or Quakers, who, more than most Christian groups, have discovered the value of meditative silence in their worship of God.

Dear Lord and Father of mankind,
  Forgive our foolish ways!
Re-clothe us in our rightful mind,
In purer lives thy service find,
  In deeper reverence praise.

In simple trust like theirs who
    heard,
  Beside the Syrian sea,
The gracious calling of the Lord,
Let us, like them, without a word
  Rise up and follow thee.

O Sabbath rest by Galilee!
  O calm of hills above,
Where Jesus knelt to share with
    thee
The silence of eternity,
  Interpreted by love!

Drop thy still dews of quietness,
  Till all our strivings cease;
Take from our souls the strain and
    stress,
And let our ordered lives confess
  The beauty of thy peace.

Breathe through the heats of our
    desire
  Thy coolness and thy balm;
Let sense be dumb, let flesh retire;
Speak through the earthquake,
    wind, and fire,
  O still small voice of calm!

JOHN GREENLEAF WHITTIER (1807-92)

LEAD US,
HEAVENLY FATHER, LEAD US

If James Edmeston were to return to his native east London today — he was born at Wapping and died at Hackney — he would not easily recognize his surroundings. New housing estates and tower blocks have taken over where bombs fell or old buildings crumbled. It is even less likely that he would see many of the buildings which he, as an architect and surveyor, designed. However, the parish church of St Barnabas still stands in Homerton High Street. Edmeston was churchwarden there for many years.

This hymn, among 2,000 others he wrote, has outlived any of his environmental achievements and is now firmly established as a favourite choice at wedding services.

Lead us, heavenly Father, lead us
   O'er the world's tempestuous
     sea;
Guard us, guide us, keep us, feed
   us,
   For we have no help but thee;
Yet possessing every blessing
   If our God our Father be.

Saviour, breathe forgiveness o'er us,
   All our weakness thou dost
     know,
Thou didst tread this earth before us,
   Thou didst feel its keenest woe;
Son of Mary, lone and weary,
   Victor through this world
     didst go.

Spirit of our God, descending,
   Fill our hearts with heavenly joy,
Love with every passion blending,
   Pleasure that can never cloy:
Thus provided, pardoned, guided,
   Nothing can our peace destroy.

JAMES EDMESTON (1791–1867)

COME, HOLY GHOST,
OUR SOULS INSPIRE

In 1649, the reign of King Charles I of England came to a sudden and violent end — on the scaffold. But twenty-four years earlier it had begun splendidly enough, at a coronation service full of colourful pageantry and ceremonial. And one of the churchmen officiating then was John Cosin, later Bishop of Durham, who had produced a hymn specially for the great occasion.

It was a translation of a Latin work already some eight centuries old. Long before hymns became a regular part of church services in English, Cosin's version won its way as one of the only two hymns in the 1662 *Book of Common Prayer*.

Come, Holy Ghost, our souls inspire,
And lighten with celestial fire;
Thou the anointing Spirit art,
Who dost thy sevenfold gifts impart:

Thy blessèd unction from above
Is comfort, life, and fire of love;
Enable with perpetual light
The dullness of our blinded sight:

Anoint and cheer our soilèd face
With the abundance of thy grace:
Keep far our foes, give peace at home;
Where thou art guide no ill can come.

Teach us to know the Father, Son,
And thee, of Both, to be but One;
That through the ages all along
This may be our endless song,
   Praise to thy eternal merit,
   Father, Son, and Holy Spirit. Amen.

JOHN COSIN (1594-1672)

O COME,
O COME, EMMANUEL

John Mason Neale was a born scholar. Before he was ten, he edited his own handwritten family magazine. As a shy but strong-minded young man, he could often be seen making a brass-rubbing or collecting architectural details in country churches he visited on his walking-tours.

He grew up to love the Middle Ages and the medieval church, the early church fathers and the lives of the saints. One small girl at his orphanage said that Mr Neale (then in his forties) 'must be very old, to have talked to so many saints and martyrs'.

This Advent hymn is from a Latin original of doubtful date. As the greatest of all translators of hymns, Neale helped to disprove his friend Benjamin Webb's words: 'I am more and more convinced that the age of hymns has passed'!

O come, O come, Emmanuel,
And ransom captive Israel.
That mourns in lonely exile here,
Until the Son of God appear.
Rejoice! Rejoice! Emmanuel
Shall come to thee, O Israel.

O come, thou Rod of Jesse, free
Thine own from Satan's tyranny;
From depths of hell thy people save,
And give them victory o'er the grave.

O come, thou Dayspring, come
and cheer
Our spirits by thine advent here;
Disperse the gloomy clouds of night,
And death's dark shadows put to
flight.

O come, thou Key of David, come,
And open wide our heavenly home;
Make safe the way that leads on
high,
And close the path to misery.

O come, O come, thou Lord of
Might,
Who to thy tribes, on Sinai's height,
In ancient times didst give the law
In cloud and majesty and awe.

From the Latin; translated by JOHN MASON NEALE (1818–66)

ONCE, IN ROYAL DAVID'S CITY

For millions of radio listeners all over the world, Christmas begins with the clear treble voice of a Cambridge choirboy. Every year since 1919, this has been the opening hymn in the Service of Nine Lessons and Carols broadcast from King's College Chapel on Christmas Eve.

The hymn itself is much older than this particular service. It is one of the 1848 collection by Mrs Alexander, written to illustrate the words from the Apostles' Creed: '. . . born of the virgin Mary'.

Once in royal David's city,
  Stood a lowly cattle-shed,
Where a mother laid her baby
  In a manger for his bed.
Mary was that mother mild,
Jesus Christ her little child.

He came down to earth from
    heaven,
  Who is God and Lord of all;
And his shelter was a stable
  And his cradle was a stall.
With the poor and mean and lowly
Lived on earth our Saviour holy.

And through all his wondrous
    childhood
  He would honour and obey,
Love, and watch the lowly maiden
  In whose gentle arms he lay.
Christian children all must be
Mild, obedient, good as he.

For he is our childhood's pattern;
  Day by day like us he grew.
He was little, weak, and helpless;
  Tears and smiles like us he knew:
And he feeleth for our sadness
And he shareth in our gladness.

Not in that poor lowly stable
  With the oxen standing by
We shall see him, but in heaven,
  Set at God's right hand on high,
When like stars his children
    crowned
All in white shall wait around.

And our eyes at last shall see him,
  Through his own redeeming love;
For that child so dear and gentle
  Is our Lord in heaven above:
And he leads his children on
To the place where he is gone.

CECIL FRANCES ALEXANDER (1818-95)

O COME,
ALL YE FAITHFUL

Young William Ewart Gladstone, who later became British Prime Minister, greatly appreciated the services at Margaret Chapel in London's West End. For one thing, the sermons were short — never more than twenty minutes! More important, the congregation were 'the most devout and hearty that I have ever seen'.

The minister at that time was Frederick Oakeley — one of the leaders of the nineteenth-century Oxford Movement. He believed passionately in the power of ritual, religious symbols and fine music. And before he joined the Roman Catholic Church, he gave his congregation — and the world — this version of the eighteenth-century 'Adeste, fideles'.

O come, all ye faithful,
Joyful and triumphant,
O come ye, O come ye to Bethlehem;
Come and behold him,
Born the King of angels:
O come, let us adore him,
O come, let us adore him,
O come, let us adore him, Christ the Lord.

God of God,
Light of Light,
Lo! he abhors not the virgin's
     womb;
Very God,
Begotten not created:

Sing, choirs of angels,
Sing, in exultation,
Sing, all ye citizens of heaven
     above,
'Glory to God
In the highest':

Yea, Lord, we greet thee,
Born this happy morning,
Jesu, to thee be glory given!
Word of the Father,
Now in flesh appearing:

FREDERICK OAKELEY (1802-80)

JOY TO THE WORLD!
THE LORD IS COME!

As the world's leading gospel singer prior to her death in 1972, Mahalia Jackson mixed with princesses and presidents, film-stars and top entertainers. But she turned down countless lucrative offers from bars, night-clubs and theatres — anywhere that liquor was sold. And she never sang the blues, considering it 'Devil's music'.

As a child in the poverty of New Orleans, Mahalia started singing. 'Hand me down my silver trumpet, Gabriel' was a life-long favourite, but so were the 'old Dr Watts' hymns of her Baptist church.

One Christmas, a blizzard stopped her going from Chicago to Memphis, where she was due to sing for civil rights workers in the negro college. So she called the telephone company, and from 8358 Indiana she held the 'phone for half an hour, and sang: 'Born in Bethlehem', 'Silent Night' and the 'old Dr Watts' — 'Joy to the World!'

Joy to the world! the Lord is come!
   Let earth receive her King!
Let every heart prepare him room,
   And heaven and nature sing.

Joy to the earth! the Saviour reigns!
   Let men their songs employ!
While fields and floods, rocks,
     hills, and plains
   Repeat the sounding joy.

No more let sins and sorrows grow,
   Nor thorns infest the ground;
He comes to make his blessings flow
   Far as the curse is found.

He rules the world with truth and
     grace,
   And makes the nations prove
The glories of his righteousness,
   And wonders of his love.

ISAAC WATTS (1674–1748)

HARK!
THE HERALD-ANGELS SING

On Christmas Day 1738, Charles Wesley preached at St Mary's Church in Islington, and gave the wine at Holy Communion. Next day it was George Whitefield's turn. 'We had the sacrament this and the four following days — the whole week was a festival indeed; a joyful season, holy unto the Lord.'

Was that the first Christmas ever to be enriched by this hymn? In its original version, it was published a few months later; Whitefield was one of those who afterwards shaped it to its present form.

So whenever we sing these words today, we are heirs to the work of England's finest hymn-writer and her greatest preacher.

The composer Mendelssohn belongs to the next century, but he did not live long enough to hear his famous music matched with this magnificent hymn.

Hark! the herald-angels sing
Glory to the new-born King,
Peace on earth, and mercy mild,
God and sinners reconciled.
Joyful, all ye nations, rise,
Join the triumph of the skies;
With the angelic host proclaim
'Christ is born in Bethlehem.'
Hark! the herald-angels sing
Glory to the new-born King.

Christ, by highest heaven adored,
Christ, the everlasting Lord,
Late in time behold him come,
Offspring of a virgin's womb.
Veiled in flesh the Godhead see!
Hail, the incarnate Deity!
Pleased as Man with man to dwell,
Jesus, our Emmanuel.

Hail, the heaven-born Prince of Peace!
Hail, the Sun of Righteousness!
Light and life to all he brings,
Risen with healing in his wings.
Mild he lays his glory by,
Born that man no more may die,
Born to raise the sons of earth,
Born to give them second birth.

CHARLES WESLEY (1707–88) and others

GLORY TO THEE, MY GOD, THIS NIGHT

Thomas Ken wrote these words for the boys of Winchester College. A pastor at heart, he disliked controversy. But he felt he had to cross swords with three successive kings of England on matters of principle.

While at Winchester, he refused to put his house at the disposal of Nell Gwyn, mistress of Charles II, during a royal visit. But Charles bore no malice; when the bishopric of Bath and Wells fell vacant, he said, 'Where is the little fellow who refused poor Nelly a lodging? Give it to him!'

Ken remained a loyal bishop under James II; but he resisted the monarch's increasingly illegal measures, to the point of being imprisoned in the Tower of London. And when William and Mary came to the throne, he would not take the Oath of Allegiance. Because he considered that his oath to the exiled James still held good, he was deprived of his position in the church and in public life.

Glory to thee, my God, this night
For all the blessings of the light;
Keep me, O keep me, King of kings,
Under thy own almighty wings.

Forgive me, Lord, for thy dear Son,
The ill that I this day have done,
That with the world, myself, and thee,
I, e'er I sleep, at peace may be.

Teach me to live, that I may dread
The grave as little as my bed;
Teach me to die, that so I may
Triumphing rise at the last day.

O may my soul on thee repose,
And with sweet sleep mine eyelids close —
Sleep that may me more vigorous make
To serve my God when I awake.

When in the night I sleepless lie,
My soul with heavenly thoughts supply;
Let no ill dreams disturb my rest,
No powers of darkness me molest.

Praise God from whom all blessings flow,
Praise him, all creatures here below;
Praise him above, ye heavenly host,
Praise Father, Son, and Holy Ghost.

THOMAS KEN (1637–1711)

THE DAY THOU GAVEST

By 1897 Queen Victoria had been Britain's sovereign for sixty years; no other English monarch had reigned so long. The Diamond Jubilee was celebrated in tens of thousands of churches — and centrally in London at Westminster Abbey. This hymn was specially chosen by the queen to be sung in every church on that occasion.

In the hymn-books it is usually found in the 'Evening' section; but John Ellerton wrote it, while a vicar in Crewe, for missionary meetings. Christians in the nineteenth century were becoming aware of their responsibility to take the gospel to the whole world, and this hymn clearly expresses their international vision. Even when Victoria's empire had crumbled away, the kingdom of Christ would remain.

The day thou gavest, Lord, is ended,
  The darkness falls at thy behest;
To thee our morning hymns ascended,
  Thy praise shall sanctify our rest.

We thank thee that thy Church unsleeping,
  While earth rolls onward into light,
Through all the world her watch is keeping,
  And rests not now by day or night.

As o'er each continent and island
  The dawn leads on another day,
The voice of prayer is never silent,
  Nor dies the strain of praise away.

The sun that bids us rest is waking
  Our brethren 'neath the western sky,
And hour by hour fresh lips are making
  Thy wondrous doings heard on high.

So be it, Lord; thy throne shall never,
  Like earth's proud empires, pass away;
Thy Kingdom stands, and grows for ever,
  Till all thy creatures own thy sway.

JOHN ELLERTON (1826-93)

David Michie

Il gatto
del Dalai Lama
e l'arte di fare le fusa

Traduzione di
Adria Tissoni

Titolo originale:
Dalai Lama's Cat and the Art of Purring
Copyright © 2013 David Michie
Originally published in 2013 by Hay House Inc. USA

La citazione a p. 137 è tratta da:
Kahlil Gibran, *Il Profeta*, trad. it. Francesco Franconeri, Giunti, Firenze 2006.

www.giunti.it

© 2019 Giunti Editore S.p.A.
Via Bolognese 165 – 50139 Firenze – Italia
Piazza Virgilio 4 – 20123 Milano – Italia

Prima edizione: ottobre 2019

Errare è umano, fare le fusa felino
Robert Byrne, scrittore

Prologo

Oh bene, finalmente sei qui, devo dire che te la sei presa comoda, senza offesa ovviamente! Vedi, caro lettore, ho un messaggio per te. Non è un messaggio per chiunque e non arriva di certo da una persona qualsiasi. Cosa ancor più importante: riguarda la tua più profonda e personale felicità.

Non è necessario voltarsi a guardare chi possa esserci dietro di te o al tuo fianco, perché questo messaggio è proprio per *te*.

Non sarà concesso a tutti di leggere queste parole, solamente a un numero accuratamente selezionato di esseri umani. Oltretutto, non crederai forse di trovarti davanti a una sorta di fortuita coincidenza che ti ha portato a sfogliare queste pagine in questo preciso momento della tua vita. Solo chi, tra di voi, possiede un ben specifico karma sarà in grado di comprendere quello che sto per dire; lettori che hanno un rapporto esclusivo con *me*.

O forse dovrei dire *noi*.

Sai, io sono la Gatta del Dalai Lama e il messaggio che ho per te arriva nientemeno che da Sua Santità.

Come posso permettermi di fare un'affermazione così importante? Sto forse delirando? Se mi consenti di acciambellarmi metaforicamente sulle tue ginocchia, te lo spiegherò.

A un certo punto quasi ogni gattofilo si trova davanti a un dilemma: come comunicare al proprio amico felino che si sta per partire? E non solo per un fine settimana lungo.

Esattamente, il *modo* in cui gli umani annunciano la loro imminente partenza è una questione molto delicata per i gatti. Alcuni di noi prediligono essere avvertiti con largo anticipo per potersi preparare mentalmente al cambiamento di routine. Altri preferiscono che la notizia piombi dal cielo inattesa, come una gazza infuriata durante la stagione dei nidi: quando stai per realizzare cosa stia succedendo, è già successo.

È interessante notare che i nostri "addetti" sembrano avere davvero una sensibilità innata in queste occasioni e si sanno anche comportare di conseguenza: alcuni si rivolgono con parole dolci al loro micio per settimane prima di partire, altri prendono il temuto trasportino dallo sgabuzzino senza preavviso.

Io sono, guarda caso, il più fortunato tra i gatti, perché quando il Dalai Lama parte per un viaggio, la quotidianità domestica qui a Namgyal continua indicativamente secondo le consuete abitudini. Trascorro buona parte della giornata sul suo davanzale al primo piano, posizione privilegiata da cui posso vigilare costantemente con il minimo sforzo e, quasi tutti i giorni, un altro po' di tempo nell'ufficio degli assistenti esecutivi di Sua Santità. Poi c'è la mia abituale passeggiata nei dintorni che più mi sono congeniali e le dilettevoli lusinghe all'Himalaya Book Café.

Ciò nonostante, quando Sua Santità non c'è, la vita non è la stessa. Come posso descrivere cosa si provi al cospetto del Dalai Lama? È semplicemente straordinario. Dal momento in cui entra in una stanza, ogni essere che si trova al suo interno viene toccato dall'energia della sua felicità autentica. Qualsiasi altra cosa stia succedendo nella tua vita, qualunque tragedia o perdita tu stia affrontando, nel tempo che passi con Sua Santità percepisci la sensazione che nel profondo tutto è bene.

Se non lo hai mai provato, è come risvegliare una dimensione di te stesso che, analogamente a un fiume sotterraneo, è sempre stata presente ma fino a quel momento celata. Ricongiunto con questa fonte, non solo conosci la pace intensa e la sorgente al centro del tuo essere, ma per un istante puoi anche scorgere fugacemente la tua stessa coscienza: radiosa, infinita e permeata d'amore.

Il Dalai Lama ci vede per come siamo veramente e rivela la nostra vera natura mostrandocela. Per questo motivo tanti in sua presenza semplicemente si sciolgono. Ho visto uomini di un certo prestigio, nei propri abiti scuri, piangere solo perché aveva toccato loro il braccio. I massimi rappresentanti delle grandi religioni del mondo fanno la fila per incontrarlo e la fanno una seconda volta per potersi trovare di nuovo al suo cospetto. Ho visto persone sulla sedia a rotelle piangere lacrime di gioia quando si è fatto strada in mezzo a una folla numerosa per prendere loro la mano. Sua Santità ci ricorda il meglio di ciò che possiamo essere. Esiste forse dono più grande?

Capirai quindi, caro lettore, che anche se continuo a vivere una vita di privilegi e di agio quando il Dalai Lama è in viaggio, preferisco di gran lunga quando è a casa. Sua Santità lo sa, proprio come sa riconoscere che io sono una gatta che preferisce essere avvertita della sua partenza. Se uno dei suoi due assistenti esecutivi, il giovane Chogyal, un monaco paffuto che lo aiuta con le questioni monastiche, o Tenzin, l'esperto diplomatico che lo assiste nelle questioni laiche, gli presentano una richiesta riguardante un viaggio, lui alza lo sguardo e dice: «Due giorni a New Delhi alla fine della prossima settimana» o qualcosa del genere.

Loro possono anche pensare che stia confermando la visita. In realtà lo dice specificamente per *me*.

Nei giorni che precedono un viaggio più lungo me lo ricorda visualizzando il numero di sonni, cioè di notti, in cui starà via. E la sera prima della partenza si assicura sempre di passare del tempo di qualità insieme, solo io e lui. In quei pochi minuti entriamo in contatto in un modo talmente profondo che è possibile solo tra i gatti e i loro compagni umani.

Il che mi riporta al messaggio che Sua Santità mi ha chiesto di rivolgerti. Me lo ha riferito la sera prima di partire per un viaggio didattico di sette settimane negli Stati Uniti e in Europa, il periodo più lungo in assoluto in cui saremmo stati lontani. Mentre il crepuscolo scendeva sulla valle del Kangra, lui, allontanandosi dalla scrivania, si avvicinò al davanzale su cui riposavo e si inginocchiò accanto a me. «Domani devo andare, mia piccola Leonessa delle Nevi» disse guardandomi intensamente nei miei occhi azzurri mentre mi chiamava con il suo vezzeggiativo preferito. È un termine che mi dà grande gioia, visto che i tibetani considerano i leoni delle nevi esseri celestiali, simbolo della bellezza, del coraggio e dell'allegria. «Sette settimane sono un periodo più lungo del consueto. So

11

che ami che stia qui, ma ci sono anche altri esseri che hanno bisogno di me.»

Mi alzai e allungai le zampe davanti, stirandomi a lungo e per bene prima di fare un ampio sbadiglio.

«Che graziosa bocca rosa» osservò Sua Santità sorridendo. «Sono lieto di vedere che hai i denti e le gengive in buone condizioni.»

Avvicinandomi di più, gli diedi affettuosamente una testata.

«Oh, quanto mi fai ridere!» esclamò. Restammo là, fronte contro fronte, mentre mi passava le dita sul collo. «Starò via per un po', ma la tua felicità non dovrebbe dipendere dalla mia presenza qui. Puoi essere ugualmente molto felice.»

Mi massaggiò dietro le orecchie con le punte delle dita, proprio come piaceva a me.

«Forse pensi che la felicità derivi dal fatto di stare con me o dal cibo che ti danno al caffè.» Sua Santità non si faceva illusioni sul motivo per cui frequentavo così assiduamente l'Himalaya Book Café. «Ma nelle sette settimane che verranno cerca di trovare da sola la *vera* causa della felicità. Quando tornerò, mi racconterai cos'hai scoperto.»

Delicatamente e con grande affetto mi prese in braccio, poi rimase in piedi rivolto verso la finestra aperta e la vista della valle del Kangra. Era uno spettacolo meraviglioso: la verdeggiante valle sinuosa, le foreste sempreverdi ondulate e in lontananza le cime imbiancate dell'Himalaya che brillavano all'imbrunire. La lieve brezza che entrava profumava di pino, rododendro e quercia; c'era un'aria incantevole.

«Ti dirò le vere cause della felicità» mi bisbigliò all'orecchio. «È un messaggio speciale solo per te e per quanti sono karmicamente legati a te.»

Iniziai a fare le fusa, che ben presto divennero costanti e gutturali come un motore in miniatura.

«Sì, mia piccola Leonessa delle Nevi» affermò il Dalai Lama «mi piacerebbe che riflettessi sull'arte di fare le fusa.»

1

Ti sei mai meravigliato, caro lettore, di come la decisione apparentemente più banale possa talvolta portare a una svolta determinante nella tua vita? Fai quella che pensi sia una scelta quotidiana, irrilevante, e questa ha conseguenze clamorose quanto impreviste.

È esattamente quello che mi successe un lunedì pomeriggio in cui, invece di andare dritta a casa dall'Himalaya Book Café, decisi di prendere il cosiddetto sentiero panoramico. Non era un percorso che avevo fatto spesso, per la semplice ragione che in realtà non è molto panoramico, e neppure un sentiero vero e proprio. È più che altro un umile vicolo che corre sul retro dell'Himalaya Book Café e degli edifici adiacenti.

Ad ogni modo è una strada più lunga per tornare a casa, quindi sapevo che per raggiungere Namgyal avrei impiegato dieci minuti al posto dei soliti cinque. Avendo tuttavia passato il pomeriggio a dormire sul portariviste del locale, sentivo il bisogno di sgranchirmi le zampe.

Arrivata alla porta d'ingresso, anziché girare a destra andai dunque a sinistra. Superando lentamente la porta laterale del caffè svoltai di nuovo a sinistra e mi incamminai nel vicolo stretto usato per i bidoni dell'immondizia, profumato di avanzi di cucina e aromi sfiziosi. Continuai un po' traballante per la mia strada, dato che fin da cucciola le mie zampe posteriori sono sempre state deboli. Mi fermai una volta per dare due zampate a un oggetto interessante, di un colore tra l'argento e il marrone, incastrato sotto il cancello posteriore del locale, solo per scoprire che era il tappo di una bottiglia di champagne finito in qualche modo nell'inferriata.

Stavo per andare ancora a sinistra quando mi accorsi del pericolo. A una ventina di metri, sulla via principale, avvistai i due cani più grossi e feroci che avessi mai visto. Sconosciuti nel distretto, con le loro narici dilatate e il pelo lungo mosso dalla brezza del tardo pomeriggio, erano una presenza minacciosa.

Peggio ancora: erano slegati.

Con il senno di poi ciò che avrei dovuto fare a quel punto era battere in ritirata nel vicolo e andarmene dal cancello posteriore del caffè, dove sarei stata al sicuro dietro a sbarre abbastanza larghe da permettermi di passare ma troppo strette per quei mostri.

Proprio mentre mi chiedevo se mi avessero vista,

si accorsero della mia presenza e partirono subito all'inseguimento. L'istinto prese il sopravvento e girai brusca a destra correndo il più velocemente possibile nella misura in cui le zampe me lo consentivano. Con il cuore che mi batteva all'impazzata e il pelo ritto, mi precipitai alla disperata ricerca di un riparo. In quei pochi istanti di adrenalina alle stelle mi sentii capace di andare dappertutto e di fare qualunque cosa, che si trattasse di salire sull'albero più alto o di infilarmi nel pertugio più angusto.

Però non c'erano vie di fuga né posti sicuri. I latrati malvagi diventavano più forti via via che i cani si avvicinavano. Nel panico totale, senza altri luoghi dove rifugiarmi, mi lanciai in un negozio di spezie pensando di arrampicarmi su qualcosa per mettermi in salvo o almeno depistarli.

La minuscola bottega era piena di cassette di legno su cui erano disposte con cura ciotole d'ottone con le spezie. Alcune donne dalla corporatura giunonica, occupate a macinarle in mortai che tenevano sulle ginocchia, gridarono spaventate mentre sfrecciavo all'altezza delle loro caviglie, seguita dall'abbaiare indignato dei cani che, assetati di sangue, mi venivano dietro.

Sentii il metallo risuonare sul calcestruzzo quando le ciotole caddero per terra. L'aria fu invasa da una nube di spezie. Volai nel retro cercando una mensola su cui saltare, ma trovai solo una porta sprangata. C'era però uno spazio tra due cassette, largo a sufficienza perché potessi infilarmici dentro con le unghie e con i denti. Dietro, al posto di un muro, c'era un telo di plastica strappato e dietro ancora un vicolo deserto.

Cacciando le loro enormi teste nello spazio tra le casse, i cani presero a guaire frenetici. Terrorizzata, scrutai in fretta il canale di scolo: terminava poco più avanti. L'unica via d'uscita sarebbe stata quella di tornare sulla strada.

Dall'interno della bottega giunsero in coro dei mugolii lamentosi quando le donne infuriate acciuffarono i due mascalzoni. Con il mio manto, solitamente bianco e lustro, impolverato di spezie d'ogni colore, mi affrettai lungo il canale di scolo fino a raggiungere la strada, dopodiché cominciai a correre disperatamente, per quello che le mie fragili zampe mi permettevano. La strada tuttavia era in pendenza, non molto ripida ma comunque faticosa. Nonostante mi sforzassi con ogni muscolo del corpo, le mie fatiche valsero a poco. Mentre tentavo di allontanarmi il più possibile dai cani, cercai un posto, uno qualsiasi, che mi offrisse protezione, ma vidi solo vetrine di negozi, muri di calcestruzzo e cancelli d'acciaio invalicabili.

Alle mie spalle i latrati continuavano, accompagnati ora dalle urla furiose delle donne del negozio. Mi girai e le vidi cacciare fuori i cani con una pacca sui fianchi. Sconvolte e con la lingua a terra, le due bestie anelanti avanzavano lungo il marciapiede mentre io continuavo a salire sperando di confondermi nel flusso costante di pedoni e di auto.

Ma non c'era via di scampo.

Nel giro di pochi istanti avevano ritrovato la pista e ripreso l'inseguimento. Il loro feroce ringhiare mi pervase di paura allo stato puro.

Avevo guadagnato un po' di terreno ma non bastava. Avrebbero impiegato ben poco a raggiungermi. Giunta di fronte a una proprietà cinta da un alto muro bianco, notai un graticcio di legno, vicino a un cancello di ferro nero. Mai prima di allora avevo tentato un azzardo simile, ma che alternative c'erano? Pochi secondi prima che i cani mi fossero addosso, saltai sul graticcio e iniziai ad arrampicarmi il più in fretta possibile con le mie delicate zampe grigie. Con goffi balzi, passo dopo passo, mi tirai su.

Ero appena arrivata in cima quando le bestie mi assediarono. Abbaiando furiosamente, si scagliarono contro il graticcio. Ci fu uno schianto quando il reticolo si spezzò e la metà superiore del legno si staccò dal muro. Se fossi stata ancora impegnata a scalarlo, mi sarei ritrovata penzoloni sopra le loro fauci spalancate.

Dall'alto del muro osservai i loro denti scoperti e tremai davanti a quei latrati spaventosi. Era come guardare in faccia due creature degli inferi.

La cagnara continuò finché furono sviati da un loro simile che stava leccando qualcosa su un marciapiede più in là. Si precipitarono verso di lui ma furono bloccati da un uomo alto con una giacca di tweed, che li afferrò per il collare per mettere loro il guinzaglio. Nel frattempo, udii un passante esclamare: «Che splendidi Labrador!».

«Golden retriever» lo corresse l'uomo. «Giovani e pieni di brio. Ma...» aggiunse dando loro colpetti affettuosi «sono animali adorabili.»

Animali adorabili? Ma il mondo era completamente impazzito?

Ci volle un'eternità perché il battito del mio cuore tornasse vagamente normale, e soltanto allora mi fu chiara la realtà della situazione. Guardandomi attorno non trovai alcun ramo, davanzale o via di fuga. Il muro su cui mi trovavo aveva un cancello da una parte e dall'altra precipitava dritto. Stavo per portarmi la zampa al muso sporco di spezie per darmi una più che necessaria e rassicurante lavata quando respirai qualcosa di pungente e mi bloccai all'istante. Una leccata e avrei avuto la bocca in fiamme. Fu l'ultima goccia.

Ero in trappola su un muro alto e sconosciuto e non potevo neppure pulirmi!

Non avevo altra scelta se non quella di restare dov'ero e aspettare che accadesse qualcosa. In netto contrasto col mio tumulto interiore, la proprietà oltre il muro era l'immagine stessa della serenità, come le Terre Pure dei Buddha di cui avevo sentito parlare dai monaci. Tra gli alberi vedevo un edificio grande, imponente, circondato da prati ondulati e da giardini in fiore. Quanto avrei voluto essere laggiù in mezzo al verde o passeggiare furtiva sulla veranda: sembrava proprio un posto a cui mi sarei adattata alla perfezione. Se qualcuno in quello splendido palazzo avesse notato la Leonessa delle Nevi bloccata in cima al muro, avrebbe avuto la compassione di soccorrerla, no?

Nonostante il gran viavai al cancello principale, nessuno entrò o uscì da quello pedonale vicino a dove mi trovavo. E il muro era così alto che i passanti sul marciapiede non mi vedevano quasi. I pochi che lanciavano un'occhiata nella mia direzione sembravano non far caso a me. Mentre il tempo passava e il sole scivolava verso l'orizzonte, mi resi conto che sarei rimasta lì tutta la notte se non fosse venuto nessuno in mio aiuto. Emisi un miagolio lamentoso ma misurato: sapevo fin troppo bene che molti non amavano i gatti e richiamare la loro attenzione avrebbe significato solo peggiorare le cose.

In fondo però non mi sarei dovuta preoccupare di suscitare attenzioni indesiderate, perché di attenzioni non ne suscitavo proprio. All'Himalaya Book Café potevo anche essere riverita come la GSS, la Gatta di Sua Santità, il Dalai Lama, ma là fuori, sporca di spezie e sconosciuta, mi ignoravano completamente.

Caro lettore, ti risparmierò il resoconto dettagliato delle ore che trascorsi sul muro, degli sguardi indifferenti e dei sorrisi ignari che fui costretta a sopportare, per non parlare dei sassi lanciati da due monelli annoiati che tornavano a casa da scuola. Ormai calata la sera, quand'ero stremata dalla fatica, intravidi una donna che camminava dall'altra parte della strada. All'inizio non la riconobbi, ma il mio intuito mi trasmise che sarebbe stata lei a salvarmi.

Miagolai implorante e lei attraversò la strada. Mentre si avvicinava, mi accorsi che era Serena, la figlia della signora Trinci, la rinomata chef di Sua Santità nonché la mia più grande ammiratrice a Namgyal. Diventata da poco custode e direttrice dell'Himalaya Book Café, Serena aveva circa venticinque anni. Slanciata, con i capelli scuri che le arrivavano alle spalle raccolti in una coda, indossava il suo abbigliamento da yoga.

«Rinpoche!» esclamò inorridita. «Cosa fai lassù?»

Ci eravamo viste solo due volte al caffè, perciò quando mi riconobbe il mio sollievo fu incommensurabile. Nel giro di pochi istanti trascinò un bidone dei rifiuti sotto il muro e salì fin dove mi trovavo. Prendendomi in braccio, non poté non accorgersi delle condizioni indecenti del mio manto sporco di spezie.

«Cosa ti è successo, poverina?» chiese notando le macchie multicolore e gli odori penetranti mentre mi stringeva a sé. «Devi essere finita in qualche guaio.»

Strofinando il muso contro il suo petto, mi sentii avvolgere dal caldo profumo della sua pelle e dal battito rassicurante del suo cuore. Passo dopo passo, mentre tornavamo a casa, il sollievo si trasformò in qualcosa di molto più intenso: in un profondo senso di connessione.

Dopo aver trascorso gran parte della sua vita in Europa, Serena era tornata a McLeod Ganj, la zona di Dharamsala in cui vive il Dalai Lama, solo poche settimane prima. Era cresciuta là, in una famiglia che aveva il culto del cibo. Pertanto dopo le superiori aveva frequentato una scuola alberghiera in Italia e lavorato come cuoca facendosi un nome in alcuni dei migliori ristoranti europei. Recentemente aveva lasciato il posto di capocuoca nell'hotel simbolo di Venezia, il

Danieli, per un incarico molto importante in un ristorante alla moda a Mayfair, un quartiere esclusivo di Londra.

Sapevo che era ambiziosa, energica e assai dotata, e l'avevo sentita spiegare a Franc, il proprietario dell'Himalaya Book Café, che aveva avvertito l'esigenza di prendersi una pausa dal tran tran continuo, ventiquattr'ore su ventiquattro, della vita da ristorante. Era esaurita a causa dello stress incessante, ed era venuto il momento di riposare e ricaricarsi: dopo sei mesi, una volta ritornata a Londra, l'avrebbe attesa uno dei posti di lavoro più prestigiosi della metropoli.

Non si sarebbe mai immaginata che il suo rientro a casa sarebbe coinciso con il momento esatto in cui Franc avrebbe avuto bisogno di qualcuno che si occupasse del caffè: lui doveva tornare a San Francisco per assistere il padre gravemente malato. Se svolgere una qualsivoglia attività legata al cibo non rientrava nei programmi di vacanza di Serena, gestire l'Himalaya Book Café le parve un lavoro part-time rispetto a quello a cui era abituata. Il locale era aperto a cena solo dal giovedì al sabato e con il capocameriere, Kusali, che sovrintendeva al servizio diurno, l'onere per lei non sarebbe stato grande. Si sarebbe divertita, le aveva assicurato Franc, e avrebbe avuto qualcosa da fare.

Fatto ancor più importante, a lui serviva una persona che si prendesse cura dei suoi cani. Marcel, il bulldog francese, e Kyi Kyi, il Lhasa Apso, erano gli altri due habitué non umani del locale: passavano gran parte del giorno a sonnecchiare nel loro cesto di vimini sotto il banco della reception.

Nel giro di due settimane la presenza di Serena aveva già lasciato il segno nel locale; non appena la conoscevano, ne restavano tutti incantati. I clienti venivano immancabilmente contagiati dalla sua vivacità: sapeva come trasformare una normale uscita serale in un'occasione memorabile. Quando entrava di buon passo nel caffè, il suo calore e il suo ottimismo inducevano i camerieri a farsi in quattro per accontentarla. Sam, il titolare della libreria, ne era chiaramente rimasto ammaliato e Kusali, alto e accorto, un vero Jeeves indiano, l'aveva presa sotto la sua ala paterna.

Stavo riposando nel mio solito posto, lo scaffale in alto del portariviste, tra *Vogue* e *Vanity Fair*, quando Franc mi aveva presentato a Serena come Rinpoche. Pronunciato *rin-po-che*, significa *prezioso* in tibetano ed è un titolo onorifico riservato ai maestri buddisti tibetani eruditi. In risposta Serena aveva allungato la mano e mi aveva accarezzato il muso. «Ma è semplicemente adorabile!» aveva esclamato.

I miei occhi cerulei avevano incrociato i suoi

brillanti occhi scuri e c'era stata una scintilla. Avevo percepito qualcosa che è di estrema importanza per noi gatti e che intuiamo istintivamente: ero davanti a un'amante dei felini.

In quel momento, subito dopo lo scontro con i cani e la corsa nel negozio, Serena mi stava ripulendo, con l'aiuto di Kusali e di alcuni panni bagnati caldi, dalle spezie che si erano depositate sulla mia folta pelliccia. Eravamo nella lavanderia del ristorante, uno stanzino dietro la cucina.

«Decisamente poco piacevoli per Rinpoche» osservò togliendomi con gran delicatezza una macchia scura da uno dei miei stivaletti grigi. «Ma io amo l'odore di tutte queste spezie. Mi ricordano la cucina di casa nostra quand'ero piccola: cannella, cumino, cardamomo, chiodi di garofano… i deliziosi aromi del garam masala che usavamo nel pollo al curry e in altri piatti.»

«Preparava il curry, signorina Serena?» Kusali era stupito.

«È così che ho cominciato in cucina» gli disse. «Quelli erano i sapori della mia infanzia e adesso Rinpoche me li sta facendo rivivere tutti.»

«Signorina, i nostri stimati clienti ci chiedono spesso se abbiamo piatti indiani nel menù.»

«Lo so. Ho già avuto parecchie richieste.»

A Dharamsala non mancavano chioschi, venditori di cibo per le strade e ristoranti più formali. Ma come osservò Kusali: «La gente vuole fornitori affidabili».

«Hai ragione» concordò Serena. Dopo una pausa aggiunse: «Però Franc è stato piuttosto chiaro quando ha detto di attenerci al menù».

«E noi dobbiamo rispettare la sua volontà...» sottolineò Kusali «le sere in cui il caffè è abitualmente aperto.»

Ci fu un attimo di silenzio mentre Serena toglieva vari grani di pepe rimasti impigliati nella mia coda folta e Kusali mi puliva esitante una macchia vistosa di paprica sul petto.

Quando Serena parlò di nuovo, nella sua voce c'era una nota allegra. «Kusali, stai dicendo quello che penso *tu* stia dicendo?»

«Mi scusi, non capisco.»

«Stai pensando che potremmo aprire, diciamo, il mercoledì per provare con qualche piatto a base di curry?»

Kusali incrociò il suo sguardo con un'aria sbalordita e un ampio sorriso. «Un'idea più che eccellente, signorina!»

Noi gatti non amiamo affatto l'acqua, e un gatto bagnato è un gatto infelice. Serena lo sapeva, perciò appena mi ebbero ripulita facendomi tornare quasi immacolata, mi asciugò con un asciugamano scelto di proposito per la sua morbidezza, poi chiese a Kusali di trovare dei bocconcini di petto di pollo per rifocillarmi prima di riportarmi a casa a Jokhang.

Essendo lunedì sera il ristorante era chiuso, ma Kusali ne trovò alcuni, deliziosi, in frigorifero e li riscaldò rapidamente prima di metterli nella mia personale ciotolina di porcellana cinese. Per abitudine la portò nel solito posto nel retro del caffè e Serena lo seguì portandomi in braccio.

Malgrado il locale fosse immerso nella penombra, quella sera guarda caso Sam Goldberg, il titolare della libreria, ospitava l'incontro di un gruppo di lettura. Lasciandomi alla mia cena, che addentai con gusto, Serena e Kusali andarono nella sezione dove una ventina di persone disposte in più file assistevano a una presentazione di diapositive.

«Questa è un'illustrazione del futuro tratta da un libro scritto alla fine degli anni Cinquanta» stava dicendo una voce maschile. La testa rasata, gli occhiali con la montatura sottile e il pizzetto conferivano all'oratore una certa arroganza, che accentuava l'aura di malignità che lo circondava. Riconobbi quel volto all'istante. Settimane prima Sam aveva appeso un suo manifesto nel negozio insieme a una citazione tratta da *Psychology Today* che lo descriveva – era un rinomato psicologo – come «uno dei più eminenti leader di pensiero del nostro tempo».

Fu allora che notai Sam in piedi, in fondo, intento ad accogliere i ritardatari. Ha un viso fresco, è di bell'aspetto, fronte alta, capelli scuri ricci e due occhi color nocciola che, dietro ai suoi occhiali da intellettuale un po' fuori dal mondo, denotano un'intelligenza brillante, ma anche una curiosa mancanza di fiducia in se stesso. Come Serena, lavorava solo da poco all'Himalaya Book Café, anche se il suo era un impiego permanente.

Mesi prima era diventato cliente abituale del caffè, e quando Franc gli aveva chiesto dei libri in cui era sempre assorto, Sam gli aveva spiegato che aveva lavorato in un'importante libreria di Los Angeles fino alla sua recente chiusura. Il che aveva suscitato subito l'interesse di Franc. Da tempo pensava di trasformare lo spazio poco utilizzato del Café Franc, come si chiamava allora, in una libreria, ma aveva bisogno di un esperto per realizzare quel progetto. Se mai esisteva una combinazione di persona giusta, posto giusto, momento giusto, quella combinazione si era appena presentata.

Però ci era voluta un po' di persuasione. Sam si stava ancora leccando le ferite dopo il licenziamento per la chiusura del negozio di Los Angeles e non si riteneva all'altezza del compito. Franc aveva dovuto usare tutto il suo fascino, corroborato dai notevoli poteri di convincimento del suo lama, Geshe Wangpo, per farlo cedere e spingerlo a creare la sezione libri dell'Himalaya Book Café.

«Tenendo a mente che nell'ottica degli anni Cinquanta il futuro è *oggi*» continuò l'ospite di Sam «qualcuno vuole commentare l'esattezza della visione dell'autore?»

Il pubblico ridacchiò. L'immagine sullo schermo mostrava una casalinga impegnata a spolverare i mobili mentre fuori il marito stava attraccando con la sua auto antigravitazionale dopo essere sceso da un cielo pieno di macchine volanti e di persone con un jet pack sulla schiena.

«La pettinatura alla Lucille Ball non è molto futuristica» osservò una donna suscitando ancor più l'ilarità. «Gli abiti» fece qualcun altro tra le risate. La donna con la sua gonna a palloncino e il marito con i pantaloni attillati tipici dell'epoca non ricordavano le persone di oggi.

«Ma che mi dite dei jet pack?» rilevò un altro.

«Esatto» convenne l'oratore. «Quelli li stiamo ancora aspettando.» Mostrò numerose altre immagini. «Queste illustrazioni rappresentano l'idea che la gente negli anni Cinquanta aveva del futuro. E ciò che le rende così squisitamente, irresistibilmente inesatte non è solo quello che c'è. Ma anche quello che *non* c'è. Ditemi cosa manca in questa» affermò soffermandosi sullo scorcio di una strada del 2020 con nastri trasportatori al posto dei marciapiedi che spostavano i pedoni.

Persino io, concentrata com'ero a gustarmi la mia cena di pollo, trovai la raffigurazione sullo schermo surreale per ragioni che non riuscii bene a spiegarmi. Ci fu un attimo di silenzio prima che qualcuno esclamasse: «Non ci sono cellulari».

«Non ci sono donne manager» suggerì un altro.

«Non ci sono persone di colore» aggiunse un altro ancora.

«Non ci sono tatuaggi» disse qualcuno mentre il pubblico notava sempre più dettagli.

L'oratore diede loro qualche istante perché assimilassero le immagini. «Potremmo dire che la differenza tra com'erano le cose negli anni Cinquanta e il modo in cui la gente vedeva il futuro si riduce a quello su cui si focalizzava: le auto antigravitazionali, per esempio, o i marciapiedi fatti da nastri trasportatori. Supponevano che tutto il resto sarebbe rimasto uguale.»

Ci fu un ulteriore silenzio mentre il pubblico digeriva quanto aveva appena detto.

«Questa, amici miei, è una delle ragioni per cui siamo tutti scarsamente in grado di ipotizzare cosa proveremo in futuro nei confronti di determinate cose, in particolare di ciò che potrebbe renderci felici. È perché ci figuriamo che tutto nella nostra vita resterà uguale fatta eccezione per l'unica cosa su cui ci focalizziamo.

«Qualcuno lo chiama *presentismo*, la tendenza a credere che il futuro sarà come il presente ma con una differenza specifica. Quando pensiamo al domani, la nostra mente è molto abile a crearlo tranne per quanto riguarda questa differenza. E il materiale che usiamo per crearlo è l'oggi, come ci dicono queste immagini.»

L'oratore proseguì: «La ricerca dimostra che quando facciamo previsioni su cosa proveremo nei confronti di eventi futuri non ci rendiamo conto che la nostra mente usa questo espediente "creativo". E ciò spiega in parte il motivo per cui pensiamo che ottenere l'impiego nell'ufficio dietro l'angolo ci farà sentire realizzati e di successo o che guidare un'auto costosa sarà fonte di gioia pura. Riteniamo che la nostra vita sarà uguale a quella di oggi, con quell'unica differenza. Ma la realtà, come abbiamo visto» l'oratore indicò lo schermo «è molto più complessa. Non immaginiamo per esempio l'enorme cambiamento comportato dall'impiego nell'ufficio vicino casa sotto il profilo dell'equilibrio lavoro-vita, né l'ansia che proveremo per i graffi e le ammaccature sulla nostra bella macchina nuova, per non parlare dell'assillo delle rate mensili da pagare».

Sarei potuta restare ancora ad ascoltarlo, ma Serena voleva andare a casa, decisa a portarmi a Jokhang sana e salva. Dopo avermi preso in braccio, sgusciò fuori dalla porta posteriore del caffè e scelse l'itinerario breve seguendo la strada in salita. A Namgyal attraversammo il cortile dirette alla residenza di Sua Santità, dove lei si chinò e mi posò sui gradini dell'ingresso principale come una porcellana delicata.

«Spero che ti senta un po' più te stessa, piccola Rinpoche» mormorò passandomi le dita nella pelliccia ormai quasi asciutta. Mi piaceva la sensazione delle sue unghie lunghe che mi massaggiavano la pelle. Allungandomi le leccai la gamba con la mia lingua di carta vetrata.

Rise. «Oh, amore, anch'io ti adoro!»

Chogyal, uno degli assistenti del Dalai Lama, mi aveva lasciato la cena di sopra al solito posto, ma avendo già mangiato al caffè non ero molto affamata. Dopo aver leccato un po' di latte senza lattosio, mi diressi verso l'alloggio privato che condividevo con Sua Santità. La stanza in cui trascorreva gran parte del giorno era silenziosa e illuminata solo dalla luna. Raggiunsi il mio punto preferito, il davanzale. Anche se il Dalai Lama era a molti chilometri di distanza in America, sentivo la sua presenza come se fosse accanto a me. Forse era la magia della luce lunare che conferiva all'intera stanza un'atmosfera eterea, monocromatica, ma al di là di questo avvertii un profondo senso di pace. Era la stessa sensazione di benessere che provavo quand'ero con lui. Pensai a quello che mi disse partendo per il suo viaggio: «Questo flusso di serenità e di benevolenza è qualcosa a cui tutti possiamo connetterci. Dobbiamo solo metterci tranquilli».

Presi a leccarmi la zampa e a lavarmi il muso per la prima volta dopo gli orrori di quel pomeriggio. Vedevo ancora i cani precipitarsi minacciosi verso di me, ma mi sembrava che fosse accaduto a un altro gatto. Nella pace di Namgyal quello che mi era parso così enorme e traumatico si ridusse a un ricordo.

Mi tornò in mente lo psicologo al caffè, che spiegava come le persone spesso non avessero idea di ciò che le avrebbe rese felici. I suoi esempi erano affascinanti e, mentre parlava, qualcos'altro mi aveva colpito del suo messaggio: il fatto che mi fosse molto familiare, perché il Dalai Lama affermava lo stesso. Non usava parole come *presentismo,* ma il significato era uguale. Sua Santità osservava inoltre che ci convinciamo che la nostra felicità dipenda da determinate situazioni, relazioni o conquiste. Crediamo che saremo infelici se non otteniamo ciò che vogliamo. E sottolineava che paradossalmente, anche *quando* otteniamo ciò che vogliamo, in molti casi non proviamo la felicità attesa.

Sistemandomi sul davanzale, contemplai la notte. Riquadri di luce, provenienti dalla residenza dei monaci, tremolavano nel buio. Si diffondevano i profumi dalla finestra del primo piano, segno che nelle cucine del monastero stavano preparando la cena. Canti dai toni bassi arrivavano dal tempio mentre i monaci anziani terminavano la seduta serale di meditazione. Nonostante il trauma del pomeriggio e il fatto d'essere tornata in una casa vuota e buia, stando sul davanzale con le zampe ripiegate sotto di me provai un appagamento più profondo di quanto avessi mai potuto credere.

Nei giorni seguenti ci fu un gran fervore all'Himalaya Book Café. Oltre alle sue consuete occupazioni Serena stava portando rapidamente avanti il progetto della serata del curry. Si consultò con i cuochi del locale, i fratelli nepalesi Jigme e Ngawang Dragpa, che furono più che felici di mettere a disposizione le ricette di famiglia. Fece anche delle ricerche su internet, a caccia di qualche chicca da aggiungere al suo ricettario già nutrito di piatti preferiti.

Un lunedì sera invitò un gruppo di amici con cui era cresciuta a McLeod Ganj per far assaggiare loro alcune pietanze al curry che aveva riscoperto o reinventato. Dalla cucina arrivò un mix allettante di spezie mai abbinate prima con tale superba dovizia: coriandolo e zenzero fresco, paprica dolce e peperoncino piccante, garam masala, semi di senape gialla e noce moscata.

Lavorando in cucina per la prima volta da quando era tornata dall'Europa, Serena era nel suo elemento mentre preparava i samosa vegetariani croccanti o toglieva dal forno porzioni generose di naan, il pane schiacciato indiano, e decorava le ciotole d'ottone, piene di curry di Madras, con spirali di yogurt. Riviveva la gioia pura di creare, la passione che l'aveva indotta a studiare per diventare cuoca professionista. Sperimentare con un'intera gamma di sapori era qualcosa che non si era più azzardata a fare da quindici anni.

I suoi amici furono grati ma critici in modo costruttivo. Il loro entusiasmo fu tale che, finito ciò che rimaneva del kulfi al cardamomo e pistacchio e bevuto l'ultimo bicchiere di chai, l'idea della serata del curry si era trasformata in qualcosa di molto più ambizioso: un banchetto indiano.

Meno di due settimane dopo assistei, dalla mia mensola in alto, al banchetto inaugurale. Perché no, visto

che ero una presenza fissa all'Himalaya Book Café?
Inoltre Serena mi aveva promesso un'abbondante porzione del suo squisito Malabar fish curry.

Mai nel ristorante c'erano stati tanti clienti in una volta sola. L'evento si era rivelato così popolare che avevano dovuto mettere altri tavoli nell'area della libreria e prendere un paio di camerieri in più per la serata. Oltre ai residenti del luogo, clienti abituali del locale, vennero la famiglia e gli amici di Serena, molti dei quali la conoscevano da quando era una bambina. Sua madre era un tipo istrionico che amava essere al centro dell'attenzione, avvolta nel suo sari multicolore, con i braccialetti d'oro ai polsi che tintinnavano e gli occhi ambrati scintillanti d'orgoglio mentre guardava la figlia dirigere la serata.

Quasi a compensare il brio italiano, accanto al tavolo della signora Trinci c'era una rappresentanza più posata dell'ufficio del Dalai Lama, tra cui gli assistenti esecutivi di Sua Santità, Chogyal e Tenzin con sua moglie Susan, e il traduttore, Lobsang.

Con il suo buon cuore e le sue mani morbide, Chogyal era il mio monaco preferito dopo il Dalai Lama. Dotato di una saggezza che andava ben al di là degli anni che aveva trascorso a gestire le spesso insidiose questioni monastiche, era un prezioso aiuto per Sua Santità. Era inoltre incaricato di nutrirmi quando il Dalai Lama era assente, mansione che eseguiva scrupolosamente.

Era stato lui che un anno prima si era offerto di portarmi a casa sua mentre ristrutturavano l'alloggio del Dalai Lama. Dopo averlo aggredito perché aveva avuto la temerarietà di allontanarmi da tutto ciò che mi era familiare, avevo passato tre giorni imbronciata, sotto le coperte, solo per scoprire che mi stavo perdendo un mondo nuovo, eccitante, abitato da uno splendido tigrato che sarebbe diventato il padre dei miei gattini. Durante tutte queste avventure Chogyal rimase sempre il mio paziente e devoto amico.

Di fronte alla sua scrivania, nell'ufficio degli assistenti esecutivi, sedeva Tenzin, un garbato diplomatico le cui mani avevano sempre l'odore penetrante del sapone carbolico. Aveva studiato in Gran Bretagna, e io avevo imparato gran parte di quello che sapevo sulla cultura europea durante l'ora del pranzo, nella stanza del pronto soccorso, mentre ascoltavo la BBC World Service con lui.

Non conoscevo la moglie di Tenzin, Susan, ma il traduttore di Sua Santità, Lobsang, un monaco giovane dotato di una grande pacatezza, mi era familiare. Con Serena si frequentavano da molto tempo, erano cresciuti insieme a McLeod Ganj. Parente della famiglia reale del Bhutan, studiava a Namgyal da novizio quando la signora Trinci aveva avuto bisogno di sottocuochi in più in cucina, così lui e Serena erano stati reclutati insieme e ne era nata una splendida e profonda amicizia; per questo motivo era stato invitato al banchetto indiano.

La sera dell'evento Serena aveva letteralmente trasformato il caffè in una sala sontuosa, con tovaglie ricamate, adorne di lustrini, su cui aveva disposto eleganti ciotole intagliate per i condimenti. A ogni posto, in un portacandele d'ottone a forma di loto, tremolava un lumino.

Una melodia indiana ipnotica giungeva in sottofondo, ora forte ora sommessa, mentre la parata di piatti sfilava dalla cucina. Dalle pakora di verdure al pollo al mango, ricevettero tutti un'entusiasta accoglienza. Per quanto riguardava il Malabar fish curry, posso garantire di persona. Il pesce era delicato e succulento, la salsa deliziosamente cremosa con la giusta dose di coriandolo, zenzero e cumino, che le davano un sapore vivace. Nel giro di pochi minuti non solo avevo mangiato la mia porzione, ma anche leccato con cura il piattino.

Padrona della scena, Serena dirigeva tutto magistralmente. Si era vestita in modo speciale per l'occasione, mettendosi un sari cremisi, il kohl, un paio di orecchini chandelier e una collana girocollo con le pietre preziose. Nel corso della serata andava di tavolo in tavolo, e non potei fare a meno di notare quanto la gente fosse colpita dalla sua affabilità. Nel tempo che trascorse con gli ospiti li fece sentire al centro del suo mondo. E restò a sua volta commossa dalle manifestazioni d'affetto che ricevette.

«È così bello che tu sia tornata, mia cara» le disse un'anziana, amica di famiglia. «Amiamo le tue idee e la tua energia.»

«Avevamo bisogno di qualcuno come te a Dharamsala» aveva dichiarato un suo ex compagno di scuola. «A quanto pare tutte le persone di maggior talento se ne vanno, perciò quando qualcuna torna ci sta così a cuore che neanche te lo immagini.»

Più volte durante la serata le vidi il labbro tremare per l'emozione mentre si portava il fazzoletto all'occhio per asciugarselo. All'Himalaya Book Café stava accadendo qualcosa di singolare, che andava oltre il banchetto indiano, per quanto sontuoso, e che aveva un'importanza personale molto più profonda.

Un indizio in tal senso arrivò parecchie sere dopo.

Nelle ultime settimane tra Serena e Sam stava nascendo un interessante rapporto di lavoro. La vivacità di lei era perfettamente complementare alla timidezza di lui. Il mondo cerebrale delle meraviglie di Sam era controbilanciato da quello reale del cibo e del vino di Serena. E sapendo che era semplicemente una custode e che sarebbe tornata in Europa nel giro di alcuni mesi, il tempo che trascorrevano insieme assunse un vago sapore dolceamaro.

Avevano preso l'abitudine di concludere ogni sera in cui aprivano il locale in una sezione della libreria. Due divani disposti ai lati di un tavolino creavano uno spazio perfetto per tenere d'occhio gli ultimi clienti del ristorante e parlare di qualsiasi cosa passasse loro per la mente.

Il capocameriere Kusali non aveva più bisogno di prendere i loro ordini. Poco dopo che si erano seduti, portava un vassoio con due tazze di cioccolata belga calda, una con i marshmallow per Serena, l'altra con i biscotti per Sam. Sul vassoio c'erano anche un piattino con quattro biscotti per cani e, se ero ancora là, una piccola ciotola piena di latte senza lattosio.

Il lieve tintinnio del piattino sul tavolino era il segnale per Marcel e Kyi Kyi, che erano rimasti obbedientemente nel cesto sotto il banco per tutto il tempo della cena. Saltavano fuori, attraversavano di corsa il ristorante e salivano i gradini per sedersi davanti al tavolino con le teste piegate e gli occhi imploranti. La loro smania non mancava mai di suscitare un sorriso sul volto dei due compagni umani, che li guardavano divorare i biscotti e aspirare qualsiasi briciola fosse caduta sul pavimento.

Io mi avvicinavo con più eleganza, stirandomi con un fremito per qualche istante prima di saltare giù dalla mensola del portariviste e unirmi agli altri.

Dopo i biscotti i cani si mettevano sul divano accanto a Sam, stesi sulla schiena, desiderosi di una grattatina sulla pancia. Io prendevo posto in grembo a Serena facendo la pasta su qualsiasi vestito indossasse e le fusa in segno di apprezzamento.

«È già arrivata una valanga di prenotazioni per il prossimo banchetto» disse Serena quella sera, dopo che ci eravamo sistemati tutti e cinque.

«Fantastico!» rispose Sam, che aveva assunto un'aria pensosa mentre sorseggiava la cioccolata calda. «H-hai deciso quando dirlo a Franc?»

Serena non lo aveva deciso. Franc, ancora a San Francisco, non sapeva niente dell'esperimento del mercoledì precedente con il banchetto indiano. Serena si atteneva al saggio detto secondo cui talvolta è meglio implorare il perdono che chiedere il permesso.

«Pensavo di fargli una piacevole sorpresa quando vedrà i conti del mese» rispose.

«Altroché se avrà una sorpresa» convenne Sam. «È stato l'incasso più elevato per una sola sera da quando ha aperto. E da allora ha messo il turbo a tutto. Il locale è diventato più vivo. C'è più entusiasmo.»

«Lo penso anch'io» affermò Serena. «Ma mi chiedevo se fossi l'unica a vederla così.»

«No, questo posto è cambiato» ribadì Sam sostenendo il suo sguardo per un paio di secondi prima di guardare altrove. «Anche tu lo sei.»

«Oh?» disse lei sorridendo. «Come?»

«Hai questa… energia. Questa *j-joie de v-vivre*.»

Serena annuì. «È vero, mi sento diversa. Stavo pensando che in tutti quegli anni in cui ho gestito alcuni dei ristoranti più esclusivi d'Europa non mi sono mai divertita tanto come mercoledì scorso. Non avrei mai creduto che potesse essere così meravigliosamente appagante!»

Sam rifletté per un attimo prima di osservare: «Come ha detto quello psicologo l'altro giorno, a volte è difficile prevedere cosa ci renderà felici».

«Esatto. Sto cominciando a chiedermi se essere capocuoca in uno dei migliori ristoranti di Londra sia davvero quello che voglio.»

Stavo guardando Sam mentre Serena parlava e notai che la sua espressione cambiò. Una luce gli brillò negli occhi.

«Se torno a fare la stessa cosa» proseguì lei «probabilmente otterrò lo stesso risultato.»

«Altro stress e altro sfinimento?»

Serena assentì. «Ci sono anche le gratificazioni, ovviamente. Ma sono molto diverse da quelle che ho qui.»

«Pensi che cucinare per la tua famiglia e i tuoi amici abbia fatto la differenza?» suggerì Sam. Rivolgendole un'occhiata maliziosa aggiunse: «O è perché hai risvegliato il *vindaloo* dentro di te?».

Lei ridacchiò. «Entrambi. Ho sempre adorato i piatti al curry. Anche se non faranno mai parte dell'alta cucina, amo prepararli per la varietà dei sapori, e sono così nutrienti. Ma anche per questo, è come se mercoledì scorso fosse stato speciale per le persone.»

«Sono d'accordo» affermò Sam. «Nel locale c'era un'energia incredibile.»

«È molto appagante fare quello a cui tieni veramente e vedere che gli altri lo apprezzano.»

Sam sembrò pensieroso, poi posò la tazza, si alzò e andò a uno scaffale. Tornò con un'edizione tascabile dell'*Uomo in cerca di senso* dello psicologo austriaco Viktor Frankl, sopravvissuto all'Olocausto. «Quello che hai appena detto mi ha fatto venire in mente una cosa» affermò aprendo il libro alla prefazione. «Non mirare al successo» lesse. «Più miri a esso e lo trasformi in un obiettivo, più lo mancherai. Perché il successo, come la felicità, non può essere perseguito; deve avvenire… come effetto collaterale non voluto della dedizione a un cammino più grande di noi stessi.»

Serena annuì. «Nel mio piccolo penso che sia proprio quello che sto scoprendo.» Per un attimo si guardarono negli occhi. «E nel modo più strano.»

Sam si incuriosì. «Cosa intendi?»

«Be', l'idea del banchetto indiano mi è venuta solo grazie a una conversazione casuale con Kusali. E *questa* si è verificata solo perché ho trovato la piccola Rinpoche in difficoltà.»

Sam sapeva del pomeriggio in cui ero rimasta bloccata sul muro. Avevano fatto molte congetture per capire come fossi finita lassù, e nessuna di queste era esatta.

«Si potrebbe dire che tutto ciò è successo solo grazie a Rinpoche» affermò lei guardandomi adorante e accarezzandomi.

«Rinpoche, la catalizzatrice» osservò Sam.

Mentre ridevano, pensai che nessuno, tanto meno la sottoscritta, avrebbe potuto immaginare la serie di eventi scatenatisi dalla mia decisione di andare a sinistra anziché a destra quando lasciai il caffè quel lunedì pomeriggio. E nessuno avrebbe creduto a quello che doveva ancora succedere. Perché quanto era capitato fino a quel momento si sarebbe rivelato soltanto l'inizio di una storia molto più complessa, in cui la felicità nelle sue molteplici sfaccettature sarebbe stata conseguita come effetto collaterale non voluto ma estremamente appagante. Imprevedibile? Eccome. Illuminante? Senza dubbio!

2

Che cosa ti induce a fare le fusa?

Tra tutte le domande questa è la più importante. E ci mette tutti sullo stesso piano perché, che tu sia un gattino giocherellone o un anziano gatto sedentario, un randagio tutto pelle e ossa dei sobborghi o una gatta dal manto lucido dei quartieri alti, al di là della tua situazione insomma, vuoi solo essere felice. Non intendo una felicità che vada e venga come una scatoletta di straccetti di tonno, bensì una felicità duratura che ti spinga a fare le fusa dal profondo del cuore.

Pochi giorni dopo il banchetto indiano feci un'altra affascinante scoperta sulla felicità. A metà di una splendida mattinata himalayana – cielo blu, canti melodiosi degli uccellini, profumo corroborante di pino – udii un rumore sconosciuto provenire dalla camera da letto. Balzai giù dal mio davanzale e andai a indagare.

In assenza del Dalai Lama, Chogyal stava sovrintendendo alle pulizie primaverili. Il mio secondo monaco preferito era in piedi nel centro della stanza e dirigeva un uomo su una scala intento a sganciare le tende mentre un altro, appollaiato su uno sgabello, stava dando una bella pulita alla lampada.

Ogni volta che Sua Santità era in viaggio il mio rapporto con Chogyal subiva un sottile cambiamento. Il mattino, quando arrivava al lavoro, veniva nell'appartamento del Dalai Lama solo per vedermi, passava qualche minuto a spazzolarmi con il mio pettine speciale e a parlarmi degli eventi di quel giorno. Era una forma di rassicurazione gradita dopo una notte trascorsa in solitudine.

Analogamente la sera, prima di lasciare il lavoro, si assicurava che la ciotola delle crocchette fosse piena e quella dell'acqua rifornita, poi si fermava per un po' ad accarezzarmi e a ricordarmi quanto fossi amata, non solo da Sua Santità ma da tutti in quella casa. Sapevo che cercava di compensare l'assenza del Dalai Lama, e il suo buon cuore me lo rendeva ancora più caro.

Quella mattina però ero allarmata da ciò che stava facendo alla nostra camera. Uno dei suoi subalterni stava raccogliendo le cose da lavare quando lui gli indicò la mia coperta beige, per terra sotto una sedia. «Quella» disse. «Non viene lavata da mesi.»

No, non veniva lavata... di proposito! Né lo sarebbe stata se Sua Santità avesse potuto intervenire.

Miagolai lamentosa.

Chogyal si voltò e mi vide seduta sulla soglia con uno sguardo implorante negli occhi. Nonostante la sua bontà d'animo, non era molto perspicace quando si trattava di gatti. A differenza del Dalai Lama, che avrebbe capito esattamente il motivo della mia scontentezza, interpretò il mio miagolio come un senso di tristezza generale.

Si chinò, mi prese in braccio e si mise ad accarezzarmi.

«Non preoccuparti, GSS» mi disse con tono rassicurante usando il mio titolo ufficiale, acronimo di Gatta di Sua Santità, nel momento stesso in cui l'addetto alle pulizie afferrò la coperta e se ne andò alla volta della lavanderia. «Tornerà tutto perfettamente pulito prima ancora che te ne accorga.»

Ma non capiva che era proprio quello il problema? Mi divincolai per liberarmi dal suo abbraccio, sfoderando pure gli artigli per fargli capire che facevo sul serio.

«Gatti» commentò scuotendo la testa con un sorriso perplesso, come se avessi rifiutato le sue affettuosità senza un buon motivo.

Tornando al davanzale con la coda bassa in segno di scoraggiamento, notai quanto sgradevolmente luminosa fosse diventata la giornata. Fuori gli uccelli stridevano rumorosi e l'odore di pino era forte come quello di un disinfettante per il bagno. Come faceva Chogyal a non capire ciò che stava facendo? Come poteva non comprendere che aveva appena ordinato di cancellare l'ultimo legame che mi era rimasto con la gattina più adorabile che fosse mai esistita, il mio piccolo tesoro, Cucciola delle Nevi?

Quattro mesi prima, in seguito a un'avventura con un randagio dei vicoli dalla bellezza rude ma tutto sommato inadeguato, avevo dato alla luce una splendida cucciolata di quattro gattini. I primi tre che vennero al mondo erano identici al padre: scuri, forti e maschi. Fu in effetti motivo di stupore generale che dal mio corpo minuto ed elegante, meravigliosamente morbido, fossero nati degli esemplari così robusti di gattini tigrati, che ben presto sfoggiarono graziose striature sul manto. La quarta micina, però, era in tutto e per tutto figlia di sua madre. Alle prime ore del mattino, fu l'ultima ad arrivare sulla coperta di yak, sopra il letto di Sua Santità; era così piccola che avrebbe potuto tranquillamente stare in un cucchiaio. All'inizio temevamo tutti che non sarebbe sopravvissuta e sono tuttora convinta che ci riuscì solo grazie al Dalai Lama.

I buddisti tibetani considerano Sua Santità un'emanazione di Chenrezig, il Buddha della Compassione. Se è vero che vivo sempre in presenza della sua compassione, in quell'ora del bisogno la sentii più forte che mai. Mentre la mia piccola, un esserino minuscolo tutto raggrinzito, rosa con qualche ciuffo bianco, lottava per la sua vita, Sua Santità ci vegliava recitando sottovoce un mantra. Restò concentrato su di noi come un faro finché la gattina si riprese, e fu come se fossimo protette da tutti i mali. Eravamo sommerse dall'amore e dal bene di tutti i Buddha. Quando alla fine riuscì a trovare un capezzolo e cominciò a succhiare, ebbi la sensazione che la tempesta fosse passata. Grazie alla protezione del Dalai lama sarebbe andato tutto bene.

Per diversi mesi prima che nascessero i cuccioli – la notizia della mia gravidanza si era sparsa – all'ufficio di Sua Santità erano arrivate suppliche per poterli adottare da parte dei monaci del monastero di Namgyal, dall'altra parte del cortile, di amici e sostenitori ovunque in India e sull'Himalaya, persino da luoghi lontani come Madrid, Los Angeles e addirittura Sydney. Se avessi potuto partorirne tanti, la mia progenie sarebbe vissuta in ogni continente della Terra.

Nelle prime settimane i miei cuccioli erano fragili e dipendevano da me. Dopo un mese i tre maschi vivaci erano pronti per provare il cibo in scatola mentre dovevo ancora allattare la micina, molto più piccola degli altri. Al secondo mese di vita i tre si lanciavano in corse sfrenate, si arrampicavano sulle tende, sfrecciavano nell'appartamento di Sua Santità attaccando alle caviglie gli ignari presenti.

Prima che arrivasse una personalità in visita, la residenza doveva essere perlustrata in cerca dei gattini. Chogyal, sebbene molto intelligente, non era il più coordinato degli esseri umani: frugava carponi di qua e di là inciampando nelle sue vesti mentre inseguiva l'uno o l'altro dei miei imprendibili figli. Tenzin, più vecchio, più alto ed esperto conoscitore del mondo, si toglieva la giacca con fare sistematico prima di adottare un approccio strategico: creava un diversivo per stanarli ovunque si fossero nascosti e li catturava quando meno se l'aspettavano.

La svolta avvenne con un ospite particolare. In quanto Gatta di Sua Santità avevo imparato a essere un modello di discrezione quando c'erano visitatori di riguardo. Lungi da me farne i nomi. Diciamo solo che questa persona nello specifico era una figura nota, una stella del cinema, un bodybuilder austriaco che non solo era diventato uno dei personaggi più popolari di Hollywood, ma anche governatore della California.

Ecco. Sono disposta ad arrivare fin qui. Non posso proprio aggiungere altro per non tradirmi.

Il pomeriggio in cui arrivò, al volante di un SUV lucido, Chogyal e Tenzin avevano effettuato l'ormai consueto "controllo gattini" sistemando i tre tigrati nella stanza del personale. O così credevano.

Provate a immaginare la scena seguente: arrivò l'ospite illustre, bello, carismatico, con la sua altezza sovrastava il Dalai Lama; seguendo la tradizione tibetana, si inchinò e porse a Sua Santità una sciarpa bianca, detta *kata*, che questi a sua volta gli mise al collo. Come al solito in presenza del Dalai Lama c'erano sorrisi e un senso di serenità. Il visitatore gli si affiancò quindi per la foto ufficiale.

Una frazione di secondo prima che il fotografo la scattasse, i miei tre figli sferrarono quello che può essere definito solo come un attacco frontale. Due corsero fuori da sotto una poltrona e puntarono dritti alle gambe del visitatore. Il terzo gli affondò denti e artigli nella caviglia sinistra.

Lui si piegò in due per lo shock e il dolore. Il fotografo strillò allarmato. Per qualche istante di sconcerto il tempo sembrò fermarsi. Poi i primi due scesero lungo le gambe dell'ospite mentre il terzo fuggiva senza nemmeno un: «*Hasta la vista, baby*».

Sua Santità, l'unico che non pareva stupito della falla nella sicurezza antifelini, si scusò a profusione. Recuperata la sua compostezza, quell'uomo sembrò trovare l'intero episodio piuttosto divertente.

Non credo che scorderò tanto facilmente quanto

accadde dopo: il Dalai Lama che indicava in direzione dei tre furfanti mentre uno dei più famosi eroi d'azione del mondo era steso sul ventre nel tentativo di estrarre i piccoli birbanti dal loro nascondiglio sotto un divano.

Sì, concordarono tutti in seguito, bisognava trovare una sistemazione più adatta per i maschi. Ma la piccolina, delicata e docile, la versione in miniatura della madre himalayana? In cuor loro penso che nessuno volesse vederla andare via. Per il momento era al sicuro.

Come numerosi felini, sono una gatta dai molti nomi. All'Himalaya Book Café mi chiamano Rinpoche. In ambito istituzionale a Jokhang, dove Sua Santità il Dalai Lama viene denominato SSDL, ho acquisito il titolo di GSS, la Gatta di Sua Santità. Di lì a poco anche la mia piccola ricevette un nome ufficiale: MSS, Micina di Sua Santità. Un paio di giorni dopo che i maschi erano stati portati via, Sua Santità la prese in mano e la guardò negli occhi con quello sguardo di amore puro che illumina tutto il tuo essere.

«Sei così bella, proprio come tua madre!» mormorò accarezzandole il musetto con la punta di un dito. «Non è vero, Cucciola delle Nevi?»

Nelle settimane seguenti restammo solo noi tre: Sua Santità, io, la sua Leonessa delle Nevi, e mia figlia, Cucciola delle Nevi. Quando mi alzavo il mattino presto per accoccolarmi accanto a Sua Santità mentre meditava, anche la piccola Cucciola delle Nevi si svegliava per venire a rannicchiarsi vicino al mio corpo caldo. Quando andavo nell'ufficio degli assistenti esecutivi, mi seguiva miagolando finché non veniva presa e posata su un tavolo dove non aspettava altro che spingere le penne a zampate fin sul bordo e lanciarle per terra. Una volta Tenzin, che era un convinto sostenitore del tè verde, si alzò dalla scrivania lasciandovi il suo bicchiere. Quando tornò, trovò MSS intenta a leccarlo con cautela. La piccola non smise mentre lui si avvicinava e non lo fece nemmeno quando si sedette, posò i gomiti sul tavolo e la osservò attentamente.

«Immagino di non poterne avere un po', vero, MSS?» chiese ironico.

Lei sollevò lo sguardo con due occhioni meravigliati. Ma tutto quello che si trovava a Jokhang non era là appositamente per il suo piacere?

Poi arrivò il giorno in cui Lobsang, il traduttore di Sua Santità, ricordò al Dalai Lama un impegno preso in passato. «La regina del Bhutan mi ha chiesto di trasmetterle i suoi più sentiti omaggi, Sua Santità» gli disse un pomeriggio dopo che ebbero finito di lavorare a una trascrizione.

Sua Santità sorrise. «Bene. Ho apprezzato molto la sua visita. Ti prego, mandale i miei più cari saluti.»

Lobsang annuì. «Ha chiesto anche di GSS.»

«Ah, sì. Ricordo che la piccola Leonessa delle Nevi le si era seduta in grembo. Una cosa piuttosto insolita.» Si voltò a guardare nella direzione in cui ero acciambellata con Cucciola delle Nevi, sulla coperta beige di pile che aveva messo sul davanzale dopo l'arrivo dei gattini.

«Forse ricorderà, Sua Santità, la sua richiesta di adottare un gattino se mai GSS ne avessi avuti» azzardò Lobsang.

Il Dalai Lama tacque per un istante prima di incrociare il suo sguardo. «Giusto. Penso che sperasse di avere un gattino con un buon… come si chiama?»

«Pedigree?» suggerì lui.

Sua Santità annuì. «Non siamo mai riusciti a capire da dove sia arrivata GSS. La famiglia di Delhi proprietaria di sua madre si è trasferita. E per quanto riguarda il padre dei gattini…» I due si scambiarono un sorriso.

«Ma» continuò molto sommessamente seguendo lo sguardo di Lobsang, puntato sul minuscolo esserino accanto a me «Cucciola delle Nevi assomiglia molto a sua madre. E una promessa è una promessa.»

Una settimana dopo Cucciola delle Nevi non c'era più. Lobsang, che tornava in Bhutan in permesso, la portò con sé. Per me la soddisfazione di sapere che era andata in una delle migliori case possibili fu più che offuscata dalla tristezza della sua partenza, dalla realtà di essere nuovamente sola sul davanzale.

Con la sua tipica compassione Sua Santità spostò la coperta sul pavimento, sotto una sedia nella nostra camera, perché saltando sul davanzale non mi ricordassi continuamente della mia perdita. Però acciambellandomi sotto la sedia sentivo l'odore di Cucciola delle Nevi e dei suoi fratelli e vedevo i ciuffi delle loro pellicce, sottili peli bianchi intrecciati a quelli bruni. Alcune mattine invece di sedermi vicino a Sua Santità a meditare, andavo verso la coperta di pile e mi stendevo là fantasticando sul passato. E c'erano altri momenti in cui, in mancanza di qualcosa di più interessante a cui dedicarmi, tornavo alla coperta e ai miei ricordi, seppur malinconici.

Ora, nel pieno delle pulizie di primavera, mi era stata tolta anche quella.

Un paio di giorni dopo tali faccende domestiche ordinate da Chogyal, decisi di andare con Serena quando lasciò l'Himalaya Book Café. Seguiva la stessa routine tutti i giorni. Alle cinque e mezzo di pomeriggio scompariva nell'ufficio del gestore, un piccolo locale accanto alla cucina, per riemergere più o meno dieci minuti dopo con gli abiti da yoga neri di cotone biologico, provenienti dal commercio equo, e i capelli raccolti in una coda. Invece di uscire dall'ingresso principale del ristorante, si infilava in cucina prendendo quello posteriore per risalire il vicolo e la strada tortuosa che conoscevo fin troppo bene.

Ogni tanto parlava dello yoga con tono reverenziale, dal quale si capiva la grande importanza che aveva per lei. Andarci ogni sera era un'abitudine non negoziabile. Da quando era tornata in India, si era riproposta di trovare un maggiore equilibrio e a questo scopo aveva intrapreso un viaggio alla scoperta di se stessa che comprendeva non solo i banchetti indiani ma interrogativi molto più profondi: cosa fare della sua vita e dove. Mossa dalla tipica curiosità felina, per non parlare del molto tempo libero che avevo la sera da quando Sua Santità era via, mi chiesi cosa avesse lo yoga per esercitare un effetto così potente. Non era solo un nome dato dagli esseri umani a una serie di contorsioni fisiche che tentavano di compiere con risultati molto più scadenti di quelli ottenuti senza sforzo da noi gatti?

Tenere il passo di Serena mentre raggiungeva la cima della collina non era facile per una gatta con le zampe malferme come me. Compensavo tuttavia la mancanza di forza fisica con la determinazione. Si avvicinò a una casetta modesta con le bandiere di preghiera tibetane sbiadite appese alle gronde e poco dopo la seguii all'interno. La porta d'ingresso era socchiusa e conduceva a un piccolo atrio dove c'erano una grande scarpiera, perlopiù vuota, e un odore inebriante di pelle di scarpe, sudore e incenso Nag Champa.

Una tenda di perline separava l'atrio dallo studio yoga. Sopra di essa c'era un cartello con il nome, THE DOWNWARD DOG SCHOOL OF YOGA, scritto in lettere sbiadite. Mi ritrovai in una stanza molto ampia. In fondo c'era un uomo in quella che in seguito appresi essere *Virabhadrasana II*, la posizione del guerriero 2. Con le braccia aperte all'altezza delle spalle era una figura maestosa che si stagliava come una silhouette contro il panorama dell'Himalaya, visibile attraverso le porte aperte che andavano dal pavimento al soffitto. Le cime ghiacciate riflettevano il sole al tramonto che ammantava d'oro i picchi.

«A quanto pare abbiamo visite» esclamò l'uomo nella posizione del guerriero con una voce dolce e un vago accento tedesco. Aveva i capelli bianchi, tagliati quasi a zero, ma nonostante l'età era piuttosto flessibile. Il volto era abbronzato e senza tempo, gli occhi di un azzurro vivo. Mi chiesi come facesse a sapere che ero là finché non notai che un'intera parete dello studio era rivestita di specchi e che mi aveva visto entrare dalla tenda di perline.

Sul balcone Serena si girò e mi scorse. «Oh, Rinpoche, mi hai seguita!» Venendo verso di me disse all'uomo nella posizione del guerriero: «Questa piccola passa molto tempo al caffè. Immagino che non lasci entrare i gatti nello studio, vero?».

Ci fu un momento di silenzio prima che rispondesse. «Di regola no. Ma ho la sensazione che la tua amica sia molto speciale.»

Non sapevo con esattezza perché lo avesse percepito, ma fui contenta di prenderlo come un invito a poter restare. Saltai subito su uno sgabello basso di legno vicino a uno scaffale pieno di coperte in fondo alla stanza. Era il posto ideale per osservare senza essere osservata.

Guardandomi attorno notai una piccola fotografia in bianco e nero di un cane, incorniciata e appesa a una parete. Era un Lhasa Apso, la stessa razza di Kyi Kyi. Molto popolari tra i tibetani, i Lhasa Apso servivano tradizionalmente da sentinelle nel monastero, avvertendo i monaci della presenza di intrusi. Era forse il cane da cui prendeva il nome la scuola di yoga?

Altre persone stavano arrivando per la lezione. In genere espatriati con l'aggiunta di qualche indiano, un gruppo eterogeneo di uomini e donne che sembravano avere dai trent'anni in su. Si muovevano con una certa consapevolezza e una compostezza indefinibile. Una volta disposti a terra i tappetini, i cuscini a rotolo e le coperte, si stesero sulla schiena con gli occhi chiusi e le gambe unite, quasi a imitare le file di polli legati che vedevo al mercato.

Dopo un po' l'insegnante, che i presenti chiamavano Ludo, si mise nella parte anteriore della sala e si rivolse alla ventina di allievi con un tono garbato ma chiaro. «Lo yoga è *vidya*» affermò «che in sanscrito significa "essere con la vita così com'è e non come vorresti che fosse". Non è vita *se solo* certe cose fossero diverse o *se solo* potessi fare quello.

«Allora come iniziamo lo yoga? Uscendo dalla nostra testa ed entrando nel momento presente. L'unico momento che esiste in realtà è qui e ora.»

Dalle porte aperte dello studio arrivava lo stridio acuto dei rondoni che nel tardo pomeriggio si levavano in volo e si gettavano in picchiata. Dalle case più in basso sulla collina giungevano accordi isolati di musica hindi e un acciottolio di pentole, accompagnati dagli aromi dei pasti serali.

«Vivendo qui e ora» proseguì Ludo «riconosciamo che in ogni momento in cui il tutto si sviluppa, ogni cosa è completa. È tutto collegato. Ma non riusciamo a sperimentarlo direttamente finché non lasciamo andare il pensiero e non ci rilassiamo, finché non ci rendiamo conto di essere arrivati a questo momento, qui e ora, solo perché tutto il resto è come è.

«Rilassatevi in una consapevolezza aperta» disse Ludo alla classe. «L'unificazione della vita. Questo è lo yoga.»

Ludo fece quindi eseguire alla classe una sequenza di *asana* o posizioni, alcune in piedi, altre sedute, alcune dinamiche, altre di riposo.

Lo yoga, compresi, non serviva solo a sviluppare la flessibilità del corpo. Andava ben oltre.

Insieme alle indicazioni su come piegarsi e allungarsi, Ludo impartiva perle di saggezza che avevano uno scopo molto più ampio. «Non possiamo lavorare sul corpo se non lavoriamo anche sulla mente. Quando ci imbattiamo in limitazioni, in ostacoli nell'esercizio fisico, scopriamo che la fisiologia è lo specchio della psicologia. Mente e corpo possono restare bloccati in abitudini che causano disagio, stress e tensione.»

Quando un uomo accennò al fatto che non riusciva a chinarsi e a toccare il pavimento con i palmi delle mani a causa dei tendini del ginocchio, lui osservò: «I tendini del ginocchio, sì. Per alcuni la sfida è questa. Per altri è essere capaci di girarsi. O sedersi comodi a gambe incrociate. Le insoddisfazioni della vita si manifestano in forme diverse. Il modo esatto in cui si rivelano è specifico per ciascuno di noi. Ma lo yoga ci dà modo di diventare liberi». Passando tra le file di allievi e adattando lievemente le loro posizioni, proseguì. «Invece di continuare a girare in cerchio, di rendere sempre più radicate le stesse abitudini inconsce del corpo e della mente, usate la consapevolezza. Non cercate di evitare la tensione assumendo una posizione compromessa, respirate invece durante la stessa! Non ricorrete alla forza, ma alla saggezza. Usate la respirazione per creare apertura. Respiro dopo respiro, il cambiamento sottile diviene possibile. Ogni respiro è un passo verso la trasformazione.»

Seguii la lezione con vivo interesse dal mio sgabello in fondo, contenta di passare inosservata. Ma quando Ludo disse alla classe di effettuare una torsione dalla posizione seduta, di colpo venti teste si voltarono verso di me. Ci furono all'istante sorrisi e qualche risatina.

«Ah sì… Oggi c'è un'ospite speciale» annunciò Ludo.

«Tutto quel pelo bianco!» esclamò qualcuno.

«Che occhi azzurri» fece un altro.

Poi, mentre venti paia d'occhi mi fissavano, un uomo commentò: «Dev'essere Swami».

Il che scatenò una risata al pensiero del saggio del

luogo la cui fotografia compariva sui manifesti nell'intera città.

Mi sentii sollevata quando l'esercizio di torsione terminò, ma appena si voltarono nell'altra direzione, mi ritrovai di nuovo osservata.

Alla fine della lezione, mentre erano stesi sui materassini in *Shavasana*, la posizione del cadavere, Ludo disse: «Per certi versi è la posizione più impegnativa di tutte. Corpo calmo e mente calma. Cercate di non interagire con ogni pensiero. Riconoscetelo semplicemente, accettatelo e lasciatelo andare. Nello spazio tra i pensieri possiamo scoprire molto di più rispetto a quando ci lasciamo assorbire dalle elaborazioni concettuali. Nella quiete scopriamo che ci sono altri modi per conoscere le cose che non passano attraverso l'intelletto».

Dopo la lezione alcuni allievi si fermarono a parlarmi mentre gli altri mettevano via coperte, tappetini e cuscini. Se qualcuno si era spostato nell'atrio per rimettersi le scarpe e andarsene, la maggior parte si radunò sul terrazzo dietro le porte scorrevoli. Là, su un tappeto indiano sbiadito lungo quanto il terrazzo stesso, c'erano diverse sedie assortite con i cuscini dai colori vivaci e qualche poltrona a sacco. Su un tavolo pieno di tazze e di bicchieri qualcuno stava versando acqua e tè verde mentre i presenti prendevano posto seguendo quella che era evidentemente una piacevole abitudine, una volta finita la lezione.

Noi gatti non amiamo molto il rumore e la confusione, perciò attesi che si fossero seduti tutti prima di scendere silenziosa dallo sgabello e di raggiungere Serena. Gli ultimi raggi del sole al tramonto avevano tinto le montagne di un rosso corallo brillante.

«Cercare di respirare attraverso il malessere mentre facciamo yoga è un conto» stava dicendo una donna dalla voce stridula chiamata Merrilee. Si era unita alla lezione quasi alla fine, come se fosse venuta solo per l'aspetto sociale della serata. E non so se me lo fossi immaginato, ma mi sembrava che si fosse versata di nascosto qualcosa nel bicchiere da una fiaschetta. «Ma quando non facciamo yoga e dobbiamo affrontare i problemi?» chiese.

«Tutto è yoga» le rispose Ludo. «Di solito reagiamo alle sfide in modo abituale, con la rabbia o il rifiuto. Respirando attraverso una sfida possiamo giungere a una risposta più efficace.»

«La rabbia o il rifiuto non sono a volte una risposta efficace?» domandò Ewing, un americano di una certa età residente da tempo a McLeod Ganj. Ogni tanto faceva un salto all'Himalaya Book Café, dove si diceva che fosse fuggito in India dopo una tragedia capitatagli in patria. Per molti anni aveva suonato il piano nell'atrio del Grand Hotel di Delhi.

«Una *reazione* è automatica, abituale» affermò Ludo. «Una *risposta* è ponderata. Questa è la differenza. Quello che è importante è creare spazio, aprirci alle possibilità al di là dell'abituale, che di rado ci rende un buon servizio. La rabbia non è mai una risposta illuminata. Possiamo essere infuriati, parlare in tono fintamente arrabbiato per impedire a un bambino di avvicinarsi al fuoco, per esempio, ma questo è molto diverso dalla rabbia vera.»

«Il problema» osservò un indiano alto seduto vicino a Serena «è che restiamo bloccati nella nostra zona di comfort anche quando non ci conforta molto.»

«Ci aggrappiamo a ciò che è familiare» concordò lei. «Alle cose che una volta ci rendevano felici ma ora non più.»

La guardai stupita quando lo disse. Stavo pensando alla coperta beige di pile in camera da letto, al fatto che i ricordi dei tanti momenti felici che vi avevo trascorso con la mia piccola Cucciola delle Nevi fossero ora venati di tristezza.

«Shantideva, il saggio buddista indiano, parla di leccare il miele dal filo di una lama» osservò Ludo. «Per quanto dolce sia, il prezzo che paghiamo è molto alto.»

«Allora come sappiamo» chiese Serena «quando

qualcosa che è stato positivo in passato è sopravvissuto alla sua utilità?»

Ludo la guardò con due occhi così chiari che sembravano quasi argentei. «Quando ci procura sofferenza» rispose. «*Soffrire* viene da una parola latina che significa *portare*. E se talvolta il dolore è inevitabile, la sofferenza non lo è. Per esempio, possiamo avere una relazione molto felice con qualcuno che poi perdiamo. Proviamo dolore, ovviamente: è normale. Ma quando continuiamo a portare con noi quel dolore sentendoci sempre in lutto, quella è sofferenza.»

Ci fu silenzio mentre tutti assimilavano l'idea. Nel crepuscolo sempre più intenso le montagne incombevano in lontananza gettando ombre venate di un rosa carico come le glasse dei cupcake della signora Trinci.

«A volte penso che il passato sia un luogo pericoloso in cui cercare la felicità» affermò l'indiano seduto vicino a Serena.

«Hai ragione, Sid» concordò Ludo. «L'unico momento in cui possiamo trovarla è questo, qui e ora.»

Più tardi il gruppo iniziò a disperdersi. Serena se ne andò con molti altri e io la seguii nell'atrio. «Vedo che la piccola Swami è con te» osservò una donna infilandosi le scarpe.

«Sì. Ci conosciamo bene. Passa molto tempo al

caffè. Ora le darò un passaggio fin là» disse Serena prendendomi in braccio.

«Qual è il suo vero nome?» chiese un'altra.

«Oh, è una gatta dai molti nomi. Sembra che ne riceva uno ovunque vada.»

«Allora oggi non fa eccezione» commentò Sid. Prendendo una margherita gialla da un vaso nell'atrio ne fece una ghirlanda e me la mise al collo. «Mi prostro davanti a te, piccola Swami» disse giungendo le sue mani lisce, dalle unghie ben curate, all'altezza del cuore. Quando guardai nei suoi occhi, vidi una grande tenerezza.

Aprì la porta a Serena e un attimo dopo stavamo scendendo la collina.

«Siamo molto fortunati ad avere un insegnante splendido» commentò lei.

«Sì» convenne Sid. «Ludvig, Ludo, è straordinario.»

«Mia madre dice che è a McLeod Ganj da quando sono nata.»

Lui assentì. «Dall'inizio degli anni Sessanta. È venuto su richiesta di Heinrich Harrer.»

«Quello di *Sette anni in Tibet*?» chiese Serena. «Il tutore del Dalai Lama?»

«Esatto. Heinrich glielo ha presentato poco dopo il suo arrivo a McLeod Ganj. Si dice che lui e Sua Santità siano buoni amici. Anzi, è stato proprio il Dalai

Lama a incoraggiarlo ad aprire la scuola di yoga.»

«Non lo sapevo» disse Serena. Guardando Sid si rese conto d'un tratto di quanto bene conoscesse le vicende locali. Dopo qualche istante decise di fare un'ulteriore verifica. «C'è un uomo che cammina dietro di noi con una giacca scura e un cappello di feltro» affermò sottovoce. «Qualcuno sostiene che sia il maharaja di Himachal Pradesh. È vero?»

Proseguirono lungo la collina per un po' prima che lui guardasse con discrezione dietro di sé. «Ho sentito la stessa cosa» ammise.

«Lo vedo abbastanza spesso da queste parti» aggiunse Serena.

«Anch'io» osservò lui. «Forse di solito fa due passi a quest'ora.»

«Potrebbe essere» rifletté lei.

Il giorno dopo stavo percorrendo con passo felpato il corridoio dell'ala esecutiva quando Lobsang mi chiamò. «GSS! Vieni qui, piccola! C'è una cosa che devi vedere.»

Lo ignorai, naturalmente. Noi gatti non siamo inclini a piegarci a ogni supplica, preghiera o umile richiesta fatta dagli umani. A che pro? Siete molto più grati quando alla fine vi lanciamo un osso... Se mi perdonate il riferimento canino della metafora.

Lobsang tuttavia non si scoraggiò e qualche istante dopo fui presa, portata nel suo ufficio e posata sulla sua scrivania.

«Sono collegato con il Bhutan via Skype» mi spiegò «e ho notato qualcuno che pensavo ti avrebbe fatto piacere vedere.»

Lo schermo del computer mostrava una stanza sontuosamente arredata e da un lato una panca sotto la finestra su cui un gatto himalayano era sdraiato con la pancia al sole. Aveva la testa gettata all'indietro, gli occhi chiusi, le zampe e la coda folta allargate in quella che Ludo avrebbe forse definito la "posizione della stella marina". Per i gatti è la posizione più indifesa, di maggior fiducia e appagamento.

Impiegai qualche istante a capire... Era vero? Sì! Ma quant'era cresciuta!

«Il suo titolo ufficiale è GSAR, la Gatta di Sua Altezza Reale. Quindi ha una lettera in più rispetto a GSS. E mi dicono che sia adorata nel palazzo quanto tu lo sei qui a Namgyal.»

Osservai la pancia di Cucciola delle Nevi sollevarsi e abbassarsi mentre sonnecchiava al sole e ricordai la mia profonda tristezza di soltanto pochi giorni prima, quando Chogyal aveva portato via la coperta beige dalla camera privandomi dei cari ricordi della mia piccola.

Perché era così che mi ero sentita in quel momento.

Da allora avevo appreso che la mia infelicità non era stata causata da Chogyal ma, involontariamente, da me stessa. Crogiolandomi nei miei ricordi nostalgici, passando tanto tempo a pensare a un rapporto che si era trasformato, mi ero portata dietro il dolore. La sofferenza.

Nel frattempo Cucciola delle Nevi era cresciuta iniziando una nuova vita quale gatta adorata del palazzo della regina del Bhutan. Quale madre avrebbe potuto desiderare di più?

Girandomi mi avvicinai al posto in cui sedeva Lobsang e mi chinai sfregandogli il muso sulle dita.

«GSS!» esclamò. «Non lo avevi mai fatto!»

Mentre rispondeva grattandomi il collo, chiusi gli occhi e cominciai a fare le fusa. Ludo aveva ragione: la felicità non andava cercata nel passato, nel tentativo di rivivere i ricordi, per quanto incantevoli.

Poteva solo essere trovata nel momento presente, qui e ora.

3

Che cosa accadrebbe, caro lettore, se dovessi realizzare il tuo sogno più ambito? Appagare la tua più grande ambizione al di là di ogni folle speranza?

Non c'è nulla di male nel considerare questa piacevole prospettiva, no? Immagina per esempio di aprire la porta di una splendida casa e di trovare la tua famiglia all'interno, emblema della felicità e dei bei modi, mentre si spandono aromi deliziosi dalla cucina e nessuno litiga per il telecomando.

O, nel mio caso, di avventurarmi nella cella frigorifera della cucina di sotto e scoprire diecimila porzioni di fegato di pollo a dadini della signora Trinci, conservate in perfette condizioni e pronte per il mio personale diletto.

Che prospettiva incantevole! E che immagine allettante!

All'Himalaya Book Café non avevamo idea che una persona che aveva compiuto qualcosa di altrettanto straordinario stesse per arrivare tra noi.

All'inizio non lo notammo quasi. Il suo arrivo coincise, guarda caso, con una delle mie comparse in tarda mattinata. Erano da poco passate le undici quando scesi la strada da Jokhang, e proprio in quel momento lui si stava dirigendo verso il caffè. Era un uomo di mezza età dall'aspetto rude e dai capelli ramati brizzolati sulle tempie. Aveva tratti marcati, le sopracciglia folte, sporgenti, e uno sguardo curioso. C'era un netto contrasto tra il suo volto, vissuto e segnato, e il suo abbigliamento costoso: giacca di lino e pantaloni color crema, orologio d'oro scintillante. Aveva un passo più svelto rispetto ai turisti che girovagavano rilassati e portava con sé diverse guide sui luoghi da visitare nell'India nordoccidentale.

Mi feci strada nel locale fermandomi per un saluto naso a naso con Marcel e Kyi Kyi, seduti nel loro cesto sotto il banco. Dopo la partenza di Franc e l'arrivo di Serena e di Sam, era come se un filo invisibile ci avesse resi più uniti, noi abitanti non umani del caffè. Avendo vissuto tutti i cambiamenti insieme, avevamo alle spalle un'esperienza condivisa, un legame comune. Non che tuttavia andassimo oltre un saluto naso a naso e un cortese gesto d'interessamento. Non ti aspetterai, vero, che salti nel cesto con loro? Non sono quel genere di gatto e, caro lettore, questo non è quel genere di libro!

Prendendo come al solito posizione sul portariviste, osservai il nostro visitatore ben vestito mettersi comodo su una vicina panca imbottita. Chiamò un cameriere con fare autoritario e quando parlò lo fece con un accento rotico, tipico degli scozzesi: «È già aperta la cucina per pranzo?».

Sanjay, un cameriere giovane con la faccia da ragazzino e una divisa bianca impeccabile, annuì.

«Prendo un bicchiere del vostro Sémillon Sauvignon Blanc» gli disse il visitatore. Dopo aver disposto i libri sul tavolo e aver preso il cellulare dalla tasca, sembrò ben presto occupato a studiare programmi di viaggio, a confrontare le informazioni dei vari volumi e a inserirle nel telefono.

Quando arrivò il Sémillon Sauvignon Blanc, ne assaggiò un sorso trattenendo il vino con l'aria di esaminarlo. Poi non lo bevve, lo tracannò. Quattro sorsi e pochi minuti dopo il bicchiere era vuoto.

Il fatto non sfuggì all'attenzione del capocameriere Kusali, noto per la sua leggendaria onniscienza. Mandò Sanjay con la bottiglia di vino a riempire il bicchiere del cliente. Ne seguirono un terzo e ben presto un quarto, prima che questi chiedesse il conto, raccogliesse i libri e se ne andasse.

Mezz'ora dopo la situazione prese una piega insolita. Alzando lo sguardo dal mio spuntino di mezzogiorno, una squisita porzione di salmone affumicato tagliato a striscioline sottili, chi vidi all'ingresso del caffè se non lo stesso uomo, stavolta accompagnato dalla moglie?

Aspetto matronale, volto buono e un paio di scarpe comode, la donna si guardò attorno con aria di apprezzamento. Era una manifestazione a cui eravamo piuttosto abituati. Quando arrivavano a McLeod Ganj da Delhi, numerosi occidentali si sentivano travolti dall'India con il suo caos, le folle, la povertà, il traffico e la sua vitalità sconvolgente. Ma appena varcavano la soglia dell'Himalaya Book Café si ritrovavano davanti un quadro completamente diverso. A destra del banco d'ingresso si estendeva il locale con il suo ambiente classico, illuminato da luci soffuse, con le tovaglie bianche, le sedie di bambù e la grande macchina d'ottone per il caffè espresso. Le pareti erano tappezzate di stendardi buddisti tibetani ricamati o *thangka*. A sinistra del banco, risalendo alcuni gradini, si raggiungeva la libreria con i suoi scaffali ben riforniti, tra cui spiccavano inoltre carte raffinate, manufatti himalayani e altri oggetti regalo. Era una fusione esotica tra uno stile europeo casual-chic e il misticismo buddista.

Molti, vedendolo la prima volta, tiravano un palese sospiro di sollievo.

La moglie del visitatore non reagì con altrettanta emotività. Mentre guardava ansiosa il marito, sembrava augurarsi che il caffè gli andasse bene, cosa che fu. Decisamente!

Dopo essere andato loro incontro, Kusali li accompagnò a un tavolo accanto a una finestra, dove l'uomo studiò sia il menù sia la lista dei vini, come se fosse la prima volta, ordinando esattamente la stessa bottiglia. Stavolta sorseggiò il suo Sémillon Sauvignon Blanc con più moderazione, ma durante il pranzo non ebbe difficoltà a scolarsi gran parte della bottiglia aiutato solo in minima parte dalla moglie.

Guardandoli da lontano, percepii qualcosa di strano nel loro modo di stare insieme. Facevano lunghe pause nei discorsi, durante le quali guardavano dappertutto tranne il proprio partner, seguite da una conversazione che ben presto languiva.

In genere i visitatori occidentali avevano una tabella di marcia così fitta che venivano nel locale solo una o due volte durante il loro breve soggiorno. Ma non il nostro amico in ghingheri e sua moglie. Il mattino seguente alle undici, l'ora consacrata al servizio degli alcolici, arrivò al caffè, si diresse alla panca e ordinò un bicchiere di Sémillon Sauvignon Blanc. Prevedendo il ripetersi degli eventi del giorno prima, Kusali si fece avanti con garbo, versandogli di persona il vino prima di suggerire: «Desidera che le porti il secchiello al tavolo, signore?».

Il visitatore accettò. Servendosi da solo mentre sfogliava un opuscolo di viaggi con meno interesse del giorno prima, finì ben presto la bottiglia.

Di nuovo, mezz'ora dopo essersene andato, ricomparve sulla porta del locale con la moglie, dicendo a Kusali, al banco d'ingresso, che erano rimasti tanto contenti il giorno prima da essere tornati. Kusali, sempre molto diplomatico, sorrise educato accettando quella versione ufficiale e vagamente ritoccata dei fatti.

Caro lettore, mi crederesti se ti dicessi che si è verificata la stessa identica scena in stile "Giorno della marmotta" il mattino seguente? Be', forse non esattamente la stessa. Il terzo giorno il cliente entrò alle undici andando dritto alla "sua" panca e a quel punto Kusali gli fece servire il suo vino preferito in un secchiello per il ghiaccio da un cameriere. Serena, che in precedenza era andata a Delhi a ordinare nuove attrezzature da cucina, assisté alla scena e poco dopo si avvicinò perplessa a Kusali. Durante il loro tête-à-tête il visitatore fissò quasi afflitto il suo cellulare e lui le diede il via libera per poter guardare in quella direzione.

Appena lo fece, rimase pietrificata. Concluse in fretta il discorso e si avviò verso la libreria. Pochi attimi dopo era già accanto a Sam, che stava seduto al di là del banco, davanti al computer.

«Posso usarlo un attimo?» chiese concitata.

«Certo» rispose alzandosi dallo sgabello. Serena aprì in fretta un motore di ricerca.

Gordon Finlay. Sam lesse il nome mentre lo scriveva nel riquadro di ricerca.

«Sai chi è?» bisbigliò lei.

Lui scosse il capo.

«Credo che sia laggiù» disse inclinando la testa in direzione della panca. «Bagpipe Burgers.»

Sam s'illuminò. «È quell'uomo?»

Fissarono la voce di Wikipedia che mostrava la foto del fondatore di Bagpipe Burgers.

«"Nata come singola hamburgheria a Inverness, in Scozia"» stava leggendo Sam «"è oggi uno dei principali franchising di fastfood del mondo."» Scorrendo la pagina, pescò le informazioni salienti: «un valore di mezzo miliardo di dollari», «presente in tutti i mercati più importanti», «famose divise scozzesi», «inventore dell'hamburger gourmet», «impegno per la qualità».

«È lui?» incalzò Serena.

Sam studiò la fotografia che avevano di fronte prima di voltarsi a guardare il cliente. «Il nostro uomo sembra avere... meno doppio mento.»

Serena schioccò le dita. «Sarà ricorso al bisturi.»

«Hai idea di quanto abbia bevuto negli ultimi due giorni?» fece Sam.

«È un rischio professionale nel nostro campo.»

Sam la guardò attentamente negli occhi. «Ma cosa ci fa a McLeod Ganj?»

«È quello che…» Si allungò verso la tastiera e scrisse qualcos'altro annuendo mentre un'ulteriore pagina si apriva sullo schermo. «Sì. È successo quando stavo lasciando Londra. Ha venduto tutto per cinquecento milioni di dollari.»

«Quell'uomo laggiù?» bisbigliò Sam sgranando gli occhi.

«Esatto.» Serena gli strinse il braccio prima di allontanarsi dal banco per sbirciare di nuovo con discrezione. Annuì. «A Londra non parlavano d'altro. È il sogno di ogni imprenditore, e nel mondo della ristorazione è una cifra inaudita. La gente lo ama o lo odia.»

«Tu da che parte stai?»

«Lo ammiro, è ovvio! Quello che ha fatto è incredibile. È entrato in un settore pieno di aziende con standard di qualità bassi e ha creato qualcosa di veramente particolare. Al pubblico è piaciuto ed è decollato. Ha fatto una montagna di soldi ma gli ci sono voluti vent'anni di lavoro davvero duro.»

«Però è un tipo strambo» commentò Sam scuotendo la testa.

«Ti riferisci alle visite multiple?»

«Non solo. Sai, passa ore all'internet shop in fondo alla strada.»

Ora fu Serena a stupirsi.

L'internet shop, che serviva una clientela quasi interamente locale, era sporco, sovraffollato e male illuminato.

«Lo vedo entrare là ogni mattina.» Sam viveva nell'appartamento sopra il caffè, con due finestre rivolte verso la strada. «È là dalle otto. Dopo viene qui.»

La settimana seguente Gordon Finlay arrivò regolarmente all'Himalaya Book Café. Saltò in effetti un paio di mattine, durante le quali la panca in fondo sembrò stranamente vuota. Una volta lui e la moglie furono visti salire su un pulmino turistico che portava i visitatori a fare escursioni in giornata nella campagna circostante. Un'altra un cameriere riferì di averlo notato conversare con Amrit, uno dei venditori che svolgevano la loro attività sotto il groviglio di cavi telefonici nella via.

Fra tutti, il trasandato Amrit era il più giovane e il meno popolare, faticava ad attirare l'attenzione dei passanti sulle sue polpette che recuperava da una padella dall'aria sudicia. Difficile capire cosa avesse trovato d'interessante Gordon Finlay in quel ragazzo sempre sconsolato. Ma quando rinunciò sia alla bottiglia di vino preprandiale sia al pranzo, Kusali guardò dalla finestra e si accorse che il venditore non era più nella sua bancarella.

Il mistero si risolse il giorno dopo, quando Amrit fu nuovamente visto al suo posto con una vivace salopette rossa e gialla e una cuffia, un wok da esterno argento scintillante al posto della padella annerita e una serie di eleganti bandierine che svolazzavano attorno all'insegna HAPPY CHICKEN. Mentre girava i petti di pollo per una fila sempre più lunga di clienti, Gordon Finlay gli stava alle spalle con la sua consueta giacca color crema dandogli istruzioni.

Alle undici in punto Finlay tornò al caffè.

Lo scopo esatto della presenza di Gordon Finlay a McLeod Ganj scatenò congetture sempre più numerose. Non aveva forse scelto quella modesta cittadina ai piedi dell'Himalaya per avviare una nuova catena di fast food globale? Perché prendersi la briga di venirci solo per passare tanto tempo a bere? Per quello non sarebbe stato più piacevole un posto in Italia o nella Francia del Sud? E che dire di tutto il tempo che passava all'internet shop quando poteva collegarsi facilmente e con maggiore comodità dal suo albergo?

Sono lieta, caro lettore, di potermi vantare di aver

avuto una parte fondamentale nel dare risposta a queste e ad altre domande. Come molti degli sviluppi più affascinanti della vita, anche quello non dipese da un'azione volontaria. La mia semplice, ma devo dire irresistibile, presenza bastò a scatenare una valanga inattesa di emozioni represse.

Sistemata nel mio solito posto nel caffè, avevo assunto quella che Ludo avrebbe forse definito la *"posa di Mae West"*, stesa sul fianco con la testa appoggiata sulla zampa destra. Ci stavamo avvicinando all'ora in cui Gordon Finlay faceva di solito la prima delle sue due comparse quotidiane. Quando però alzai lo sguardo dal pelo bianco morbido della pancia che mi stavo leccando, ad apparire sulla soglia fu invece la signora Finlay. Guardò ansiosa in direzione del ristorante prima di incamminarsi verso la libreria. Non si era mai avventurata fin là; lei e il marito occupavano di solito lo stesso tavolo nella parte anteriore. Aveva quasi raggiunto il portariviste quando Serena le si accostò.

«Sto cercando mio marito» spiegò la signora Finlay. «Siamo venuti qui qualche volta.»

Serena annuì sorridendo.

«È diventato il suo posto preferito a Dharamsala e speravo...» Il labbro inferiore le tremava e fece un respiro profondo per ricomporsi. «Speravo magari di trovarlo qui.»

«Oggi non lo abbiamo visto» affermò Serena. «Ma può aspettare qua se vuole.» Stava indicando la panca in fondo, quella dove Gordon Finlay si godeva la sua bottiglia di vino mattutina, quando per la prima volta la signora Finlay guardò la mensola dove mi stavo leccando.

Sentendomi osservata, la guardai in faccia.

«Oh cielo!» L'autocontrollo già precario della signora Finlay era di nuovo a rischio. «È identica alla nostra piccola Sapphire.»

Avvicinandosi, allungò una mano per accarezzarmi sul collo.

Guardai nei suoi occhi arrossati e feci le fusa.

«Questa è Rinpoche» spiegò Serena, ma la signora Finlay non la stava ascoltando. Sulla guancia le scese una lacrima. Mordendosi il labbro per arrestare il flusso, smise di accarezzarmi e frugò in borsa in cerca di un fazzoletto. Ma era stato troppo. Nel giro di qualche istante emise un potente singhiozzo. Serena le posò una mano sulla spalla e la condusse con dolcezza verso la panca.

Per un po' la signora Finlay pianse sommessamente nel fazzoletto. Serena comunicò con un gesto a Kusali di portarle un bicchiere d'acqua.

«Mi dispiace» si scusò dopo un po'. «Sono così…»

Serena la invitò con gentilezza a tacere.

«Avevamo una micia proprio come lei» disse la signora Finlay indicandomi. «Mi ha riportato indietro nel tempo. Tanti anni fa in Scozia Sapphire è stata così speciale per noi. Dormiva tutte le notti nel nostro letto.» Deglutì. «Allora le cose erano diverse.»

Arrivò un cameriere con l'acqua. La signora Finlay ne bevve un sorso.

«*Loro* sono molto speciali» convenne Serena guardandomi.

Ma la signora Finlay nuovamente non la stava ascoltando, mentre fissava il tavolo e posava il bicchiere. Sembrava paralizzata. Questo finché per qualche motivo si sentì spinta a confessare: «Gordon, cioè mio marito, *detesta* stare qui». Lo disse come se con quell'ammissione si fosse tolta di dosso un peso terribile.

Serena lasciò passare un attimo prima di rispondere. «Non è una reazione insolita, sa. Per i visitatori occidentali che arrivano, senza sapere cosa aspettarsi, l'India può essere un vero shock.»

La signora scosse la testa. «No, non è questo. Conosciamo bene l'India, tutti e due. Gordon ci è stato più volte negli anni. Per questo lo ha scelto come luogo per trascorrere il primo mese della pensione. Solo che… non sta funzionando.»

Parve trarre forza dalla presenza compassionevole di Serena e quando proseguì aveva la voce meno rotta.

«È reduce da un grande successo, dopo vent'anni e più ha venduto l'attività che aveva creato. Gordon è un gran lavoratore. Un uomo determinato. Non può neanche immaginare i sacrifici che ha fatto. Anni e anni di diciotto ore di lavoro al giorno. Di vacanze saltate. Di feste di compleanno, di cene e di eventi familiari terminati molto presto per lui. "Ne vale la pena" ripeteva sempre. "Tra non molto andrò in pensione e avremo tutto il tempo della nostra vita." Ci aveva sempre creduto. E anch'io. Non importava quante rinunce dovesse fare. Saremmo stati felici quando…» Sembrò pensierosa per un momento, poi riprese. «Nelle prime due settimane è andato tutto bene. Era un uomo cambiato, libero di fare quello che preferiva. Ma non è durato. D'un tratto non c'erano più telefonate, messaggi o riunioni. Né decisioni da prendere. Nessuno voleva conoscere il suo parere. Era come se un elastico tirato al massimo venisse mollato di colpo.

«Quando lavorava così freneticamente» proseguì «l'idea di avere tutto il tempo del mondo gli sembrava fantastica. Invece si sta accorgendo che è un fardello tremendo. Non ha portato con sé il laptop. Faceva parte della sua vecchia vita. Ma quando esce il mattino, dice a fare due passi, sono sicura che va in uno di quegli internet point.» La signora Finlay stava guardando Serena, che con la sua espressione neutra non lasciò minimamente trasparire che sapeva che i suoi sospetti erano giusti.

«E beve. Prima non era mai stato così… non beveva durante il giorno. So che è perché è annoiato, infelice e non sa che fare di se stesso. Stamattina prima di lasciare l'albergo me lo ha addirittura detto. Non l'ho mai visto così abbattuto.»

Mentre scoppiava di nuovo in lacrime, Serena le strinse il braccio. «Passerà anche questo» sussurrò.

Non essendo in grado di parlare, la signora Finlay annuì.

La donna lasciò il caffè poco dopo e quel giorno a pranzo la coppia non si fece vedere. Solo il tempo avrebbe detto in che modo lei e il marito avrebbero potuto superare una delusione così inaspettata. Il caso del milionario infelice saltò fuori tuttavia di nuovo quella sera nel locale.

Erano quasi le undici e una mezza dozzina di tavoli ancora occupati erano al dessert e al caffè. Serena guardò Sam, seduto sul suo sgabello dietro il banco della libreria, e incrociò il suo sguardo facendogli un gesto interrogativo. Lui rispose dandole il via libera. Restava solo una persona intenta a curiosare nel negozio: l'orlo di una veste rossa da monaco spuntava da sotto un divisorio.

Serena andò di là per il rito di fine giornata. Due teste si sollevarono dal cesto di vimini sotto il banco: Marcel e Kyi Kyi seguirono attenti la direzione dei suoi passi.

Salì i pochi gradini che davano accesso alla libreria proprio mentre l'ultimo cliente se ne stava andando.

«Lobsang!» Lo salutò calorosamente facendosi avanti per abbracciarlo. Lobsang era diventato un assiduo frequentatore della libreria da quando, tra i suoi scaffali, vi trovava un buon assortimento di opere buddiste e titoli più recenti di saggistica rispetto a quanto era reperibile prima a Dharamsala e, vista la loro vecchia amicizia, Serena aveva insistito perché gli fossero riservati degli sconti il più possibile generosi.

Dall'inizio dell'adolescenza, periodo in cui si erano conosciuti a lavorare come aiutanti nella cucina della signora Trinci, la loro vita aveva intrapreso percorsi molto diversi. Mentre Serena era in Europa, Lobsang, che si era subito distinto per la sua mente acuta e le sue singolari capacità linguistiche, aveva vinto una borsa di studio a Yale per studiare semiotica. Tornato in India per lavorare come traduttore per il Dalai Lama, era cresciuto anche sotto altri profili. La sua presenza in particolare infondeva un senso di calma a cui le persone rispondevano immancabilmente, talvolta appoggiandosi allo schienale della sedia e rilassando le spalle o sfoderando un sorriso.

«Io e Sam ci prendiamo una cioccolata calda. Ti va di unirti a noi?» gli chiese.

Malgrado la sua tranquillità, notai che qualcosa di Serena aveva indotto in Lobsang un cambiamento. Sembrava trovare la sua compagnia molto piacevole. «Sarebbe magnifico» rispose entusiasta seguendola verso i due divani.

Poco dopo Kusali arrivò con la cioccolata calda per gli umani e un piattino di biscotti per cani che tenne in mano creando un attimo di suspense per suscitarne la smania, poi lo posò sopra il tavolino con un *clink* pavloviano che li indusse a precipitarsi frenetici nella libreria.

Io da parte mia balzai giù dalla mensola e mi stirai le zampe posteriori allargando gli artigli uno dopo l'altro prima di attraversare la stanza e di saltare agilmente sul divano tra Serena e Lobsang, che si era messo di fronte a Sam.

«GSS è molto fortunata ad averti» osservò Lobsang mentre Serena mi versava il latte nella ciotolina. «Soprattutto con Sua Santità assente.»

«Ci sentiamo *noi* fortunati ad averla» rispose lei accarezzandomi. «Vero, Rinpoche?»

Non aveva ancora posato il piattino per terra, perciò saltai sul tavolino e cominciai a leccare il latte.

«Permetti ai gatti di salire sul tavolo?» chiese Lobsang, divertito dalla mia audacia.

«Di regola no» fece Serena osservandomi con un sorriso indulgente.

Per un po' tutti e tre gli umani mi guardarono in silenzio leccare il latte e fare intensamente le fusa. Non so se fosse telepatia felina o soltanto la mia immaginazione, ma Sam non era contento che Lobsang partecipasse al loro consueto appuntamento di fine giornata.

Serena gli chiese del lavoro di cui si stava occupando e lui accennò al commento di un testo esoterico di Pabongka Rinpoche che stava contribuendo a tradurre. La conversazione si spostò quindi sui fatti del giorno. Serena raccontò dell'incontro con la signora Finlay e di come la visione del marito riguardante la pensione si fosse rivelata un'amara delusione.

Lobsang ascoltò la storia, poi un senso di compassione pervase la sua immensa calma, e disse: «Pochi di noi, penso, non commettono questo errore. Credere nel *sarò felice quando andrò in pensione, quando avrò una certa somma, quando raggiungerò un determinato obiettivo*». Tacque sorridendo davanti all'assurdità di tutto ciò. «Ci creiamo le nostre superstizioni e ci convinciamo a crederci.»

«Superstizioni?» obiettò Sam.

Lobsang assentì. «Inventiamo una relazione tra due cose che non sono legate, come uno specchio rotto e anni di sventura o un gatto nero che porta jella.»

Lo fissai sollevando il muso dalla ciotolina. Risero tutti e tre.

«O un gatto himalayano che invece» suggerì Serena «porta un'*incredibile* fortuna.»

Ripresi a leccare.

Lobsang proseguì. «Iniziamo a credere che la nostra felicità dipenda da un determinato esito, da una persona, da uno stile di vita. Questa è superstizione.»

«Ma qui ho scaffali e scaffali» Sam indicò dietro di sé «pieni di libri che insegnano a fissare obiettivi, a pensare positivo e a manifestare l'abbondanza. Stai dicendo che sono tutti sbagliati?»

Lobsang sogghignò. «Oh no, non è questo che intendo. Può essere utile avere degli obiettivi. Uno scopo. Ma non bisognerebbe mai credere che la nostra *felicità* dipenda dal fatto di raggiungerli. In realtà sono due cose ben distinte.»

Mentre Sam e Serena digerivano quelle parole calò il silenzio, spezzato solo dal rumore che facevo leccando e da quello dei cani che mangiavano le briciole sotto il tavolino.

«Se un oggetto, un successo o una relazione fossero

le vere cause della felicità, allora chiunque li possedesse sarebbe felice. Ma questo non si è mai visto» continuò Lobsang. «E la cosa più triste è che se crediamo che la nostra felicità dipenda da qualcosa che al momento non possediamo, non *possiamo* essere felici qui e ora. Eppure, l'unico momento in cui possiamo esserlo è qui e ora. Non possiamo essere felici in futuro, non esiste ancora.»

«E quando il futuro arriva» rifletté Serena «scopriamo che qualsiasi cosa credevamo potesse renderci felici non ci soddisfa come pensavamo. Guardate Gordon Finlay.»

«Esatto» commentò Lobsang.

Sam si stava agitando sul divano. «Non molto tempo fa hanno condotto uno studio neuroscientifico a questo proposito. Credo che si intitolasse *La delusione del successo*. Ha valutato i risultati preobiettivo e quelli postobiettivo. I risultati preobiettivo, la sensazione positiva che le persone avvertono quando lavorano per raggiungere uno scopo, sono più intensi e duraturi in termini di attività cerebrale rispetto a quelli postobiettivo, che provocano un senso di liberazione di breve durata.»

«Seguito dalla domanda: *ma è tutto qui?*» aggiunse Serena.

«Il viaggio in realtà è molto più importante della destinazione» confermò Lobsang.

«Il che mi induce a interrogarmi ancora di più sul progetto di tornare in Europa» fece Serena.

«Potresti restare» osservò Lobsang, con la voce piena di speranza. Quando lei lo guardò, lui sostenne il suo sguardo non solo per qualche secondo, ma finché non lo distolse.

«La sera del banchetto indiano ha segnato l'inizio di tutto» spiegò Serena. «Mi ha fatto capire quanto sia più appagante lavorare per persone che apprezzano davvero quello che faccio e non per chi esce soltanto a farsi vedere nei posti giusti. Perché sottopormi a tutto questo stress? Guardate cos'è accaduto a Gordon Finlay. La sua è una delle storie di maggior successo degli ultimi dieci anni nel mondo della ristorazione. È quello a cui aspirano decine di migliaia di persone. Ma lo ha reso così dipendente dal lavoro che non riesce a smettere. Che senso ha avere tutto il successo del mondo se non possiedi la pace interiore?»

Al di là delle sue parole percepii altri pensieri non detti. Nelle ultime settimane l'avevo vista salutare vecchie compagne di scuola che erano venute a trovarla con i mariti e i figli. Ogni volta mi sembrava che si sentisse spinta in una direzione ben diversa.

Il mattino seguente Gordon Finlay arrivò alle dieci e trenta. Dal momento stesso in cui mise piede nel caffè sembrò un uomo libero. Avvicinandosi alla panca, ordinò un espresso e prese una copia de *The Times of India* dal portagiornali.

Una volta sfogliato il quotidiano e finito il caffè, si alzò e si avvicinò a Serena, che era al banco. «Mia moglie mi ha detto che è venuta qui ieri e che lei è stata molto gentile» affermò con il suo accento scozzese. «Volevo solo dirle che lo apprezzo. Così come ho apprezzato la sua… discrezione.»

«Oh! Non c'è di che.»

«Questo posto è stato un'oasi per me» proseguì guardando i *thangka* buddisti appesi alle pareti. «Abbiamo deciso di tornare a casa. Non ho idea di cosa farò, ma non posso stare seduto a bermi due bottiglie di vino al giorno. Il mio fegato non reggerebbe a lungo.»

«Mi dispiace che le cose non siano andate come voleva» rispose Serena, poi, quasi ci avesse ripensato, aggiunse: «Spero che si sia goduto qualcosa dell'India».

Gordon Finlay sembrò pensieroso per un istante, dopodiché annuì. «Buffo, la cosa che mi salta subito in mente è quando ho aiutato quel ragazzo a organizzare la sua attività.»

Serena rise. «*Happy Chicken*?»

«Sta andando a gonfie vele» esclamò Finlay.

«È azionista?»

«No, ma sono stato più che felice di dargli una

mano a partire. Mi ricorda molto me agli inizi: un bisogno disperato di capitale, concorrenza ovunque e nessuna differenziazione del prodotto. Sono bastate alcune centinaia di sterline e un po' di formazione. Adesso funziona!»

Mentre parlava sembrava farsi più alto e diritto. Per la prima volta si scorgeva una parvenza dell'amministratore delegato autorevole che era stato fino a poco tempo prima.

«Forse» suggerì Serena «ha appena descritto quello che potrebbe fare in futuro.»

«Non posso salvare ogni venditore di strada del mondo!» obiettò.

«No. Ma cambierebbe la vita di quelli che aiuterebbe. Ha tratto ovviamente molta soddisfazione dal fatto di sostenerne uno. Immagini la contentezza di aiutarne tanti!»

Gordon Finlay la fissò a lungo con una scintilla negli occhi scuri, osservatori, e un attimo dopo disse: «Sa, potrebbe proprio avere ragione».

4

La noia. È un'afflizione terribile, vero, caro lettore? E da quello che posso dire, quasi universale. Nel quotidiano c'è la noia di essere dove sei e di fare qualsiasi compito ti spetti, che tu sia un dirigente con una dozzina di fastidiose relazioni da preparare prima della fine del mese o un gatto su uno schedario con un'intera mattinata a disposizione per sonnecchiare prima che al caffè ti servano quei deliziosi bocconcini di trota, forse seguiti da un po' di panna rappresa, per pranzo.

Quante volte sento i turisti esclamare: «Non vedo l'ora di tornare alla civiltà». Gli stessi che, presumo, avevano contato per mesi i giorni sul calendario in attesa di partire per il loro irripetibile viaggio in India. «Vorrei che fosse venerdì» è una variante sul tema, come se per qualche motivo dovessimo sopportare cinque giorni di tedio opprimente per i preziosi due in cui possiamo divertirci davvero.

E il problema affonda ancor più in profondità. Quando alziamo la testa dalla sfilza di relazioni da ultimare per fine mese o mentre passiamo una mattinata vuota sullo schedario, al pensiero di tutte quelle che ancora ci attendono la noia si trasforma in una disperazione esistenziale più profonda. *Che senso ha tutto questo?* ci ritroviamo talora a chiederci. *Perché darsi da fare? A chi importa?* La vita può apparire un addestramento deprimente e infinito alla futilità.

Per gli esseri con una visione più ampia del pianeta Terra la noia si associa a volte a un compagno più cupo: il senso di colpa. Sappiamo che, rispetto a molte altre, le nostre vite sono in effetti piuttosto agevoli. Non viviamo in una zona di guerra o in una povertà degradante, non dobbiamo restare nell'ombra a causa del nostro genere o delle convinzioni religiose. Siamo liberi di mangiare, di vestirci, di vivere e di andare ovunque vogliamo, ma nonostante ciò siamo oltremodo annoiati.

Nel mio caso personale, se posso avvalermi delle circostanze attenuanti, il Dalai Lama era assente da alcuni giorni, non c'era il solito fermento né c'erano state visite della signora Trinci, generosa sia in tema di cibo sia d'affetto; ma soprattutto non c'erano l'energia rassicurante e l'amore che percepivo stando semplicemente in presenza di Sua Santità.

E così un mattino mi incamminai verso il caffè con il cuore pesante e il passo lento. La mia andatura ciondolante lo era ancor più del solito: il solo fatto di muovere le zampe posteriori mi sembrava una delle fatiche di Ercole. *Perché mai lo sto facendo?* mi chiesi. Per quanto squisito potesse essere il pranzo, mangiare avrebbe richiesto cinque minuti e poi sarebbe stata una lunga attesa fino alla cena.

Non avevo idea di come gli eventi mi avrebbero scosso dalla mia letargia.

Tutto iniziò con Sam che si comportò in modo insolitamente agitato. Balzò giù dallo sgabello della libreria e scese in fretta i gradini entrando nel ristorante.

«Serena!» mormorò per attirare la sua attenzione. «È Franc.» Indicò lo schermo del computer alle sue spalle. Franc aveva l'abitudine di contattarlo via Skype per aggiornamenti sull'andamento del lavoro, ma le sue chiamate avvenivano sempre il lunedì mattina alle dieci, quando il locale era tranquillo, non nel primo pomeriggio, quando l'attività era quasi al culmine.

Serena si precipitò al banco della libreria. Sam alzò il volume delle casse e aprì una schermata che mostrò Franc in un soggiorno. C'erano diverse persone dietro di lui, sedute su un divano e in poltrona. Aveva un'espressione tesa.

«Mio padre è morto ieri notte» annunciò senza preamboli. «Volevo dirvelo prima che lo sapeste da qualcun altro.»

Serena e Sam gli espressero le loro condoglianze e la loro vicinanza.

«Anche se era inevitabile, resta sempre uno shock» commentò.

Una donna si alzò dal divano e si avvicinò allo schermo. «Non so cosa faremo senza di lui!» gemette.

«È mia sorella, Beryle» spiegò Franc.

«Gli volevamo tutti tanto bene» singhiozzò lei. «Perderlo è così dura!»

Dietro si levarono mormorii di consenso.

«È stato un bene che abbia potuto essere qui per lui alla fine» osservò Franc cercando di riprendere il controllo della conversazione. Malgrado avesse un rapporto difficile con il padre, era tornato a casa su insistenza del suo energico lama, Geshe Wangpo. Uno dei lama più anziani del monastero di Namgyal, Geshe Wangpo ricordava irremovibile l'importanza delle azioni più che delle parole e degli altri più che di noi stessi.

«Sono contento che Geshe Wangpo mi abbia convinto» proseguì Franc. «Io e mio padre siamo riusciti a risolvere…»

«Sarà un grande funerale» lo interruppe la voce di un anziano non visibile alle sue spalle.

«Un funerale *molto* grande» intervenne un altro, evidentemente colpito dall'entità della cerimonia.

«Verranno a dirgli addio più di duecento persone» aggiunse Beryle incombendo di nuovo sullo schermo. «In questo momento è la cosa più importante, no? Abbiamo tutti bisogno di una chiusura, tutti quanti.»

«Di una chiusura» ripeté in coro il gruppo alle sue spalle.

«Papà voleva qualcosa di semplice, come essere cremato» disse Franc.

Beryle non era disposta ad accettarlo. «I funerali sono per chi resta» dichiarò. «Siamo una famiglia cattolica. Beh» guardò di proposito Franc «la maggior parte di noi lo è.»

«Niente sepoltura celeste» dichiarò la stessa voce maschile stridula da dietro.

Franc stava scuotendo la testa. «Non ho mai proposto…»

«In questo credete voi buddisti, vero?» disse una figura raggrinzita con i capelli bianchi, gli occhi rossi e i denti mancanti che si stava avvicinando al computer. «Tagliate le persone in piccoli pezzi e le date in pasto agli avvoltoi? Nossignore.»

«Questo è mio zio Mick» affermò Franc.

Lo zio Mick studiò lo schermo a lungo prima di riprendere Franc: «Non sono indiani!».

«Non ho mai detto che lo fossero» protestò garbatamente lui, ma Mick si era già girato e se ne stava andando strascicando i piedi.

Franc sollevò le sopracciglia e dichiarò: «Spero domani di poter uscire per dar da mangiare agli uccelli nel parco».

I buddisti credono che i gesti di generosità facciano del bene ai defunti quando vengono dedicati da persone che hanno un legame karmico stretto con loro.

«*Uccelli*?» Beryle era incredula. «E *noi*? Il sangue del tuo sangue? Ci sarà un sacco di tempo per quelle sciocchezze dopo il funerale.»

«Sarà meglio che vada» si affrettò a dire Franc. «Vi richiamerò quando sarò solo.»

Mentre Serena e Sam lo salutavano, si alzò di nuovo la voce di zio Mick: «Gli uccelli? Lo sapevo! Non ci sarà nessuna sepoltura celeste finché sono qui io!».

Terminata la chiamata, Sam e Serena si voltarono l'uno verso l'altra.

«A quanto sembra ha vita dura» osservò lei.

Lui annuì. «Almeno sa di aver fatto la cosa giusta tornando a casa. Anche se potrebbe rientrare molto prima di quanto tutti pensino» aggiunse Sam pensieroso.

«Chi lo sa?» Serena si passò le dita tra i capelli. «Se deve occuparsi dell'eredità, potrebbe rimanere là ancora per un po'.»

Sentendo un movimento, abbassò lo sguardo e trovò Marcel, il bulldog francese di Franc, ai suoi piedi.

Come ha fatto a sapere? si chiese mentre sorrideva a Sam.

Ha udito la sua voce?

Da sotto il banco? Guardò il cesto dei cani. Era improbabile che il suono della voce di Franc fosse arrivato fin là.

No, si disse inginocchiandosi per accarezzarlo. *Penso che i cani riescano a percepire le cose. Vero, mio piccolo amico?*

Poco dopo arrivarono notizie allarmanti molto più vicine a casa, riguardanti il cuore stesso di Namgyal, più precisamente l'ufficio dove sovrintendevo alle attività degli assistenti esecutivi del Dalai Lama. Là di solito accadeva sempre qualcosa che osservavo dall'alto dello schedario, alle spalle di Tenzin, che offriva una vista panoramica non solo sull'ufficio stesso ma anche su chiunque andasse e venisse dall'appartamento di Sua Santità. Di conseguenza, quando il Dalai Lama era fuori città, vi trascorrevo molte giornate seguendo gli affari ufficiali di Jokhang.

Chogyal e Tenzin cercavano di prendere ferie durante le interminabili assenze di Sua Santità e in quell'occasione era toccato a Chogyal. Era partito da qualche tempo per andare a trovare la sua famiglia in Ladakh. Alcuni giorni prima aveva contattato Tenzin con un messaggio urgente per Geshe Wangpo. Con la sua consueta efficienza questi aveva chiamato immediatamente due novizi impegnati a pulire in corridoio.

Conoscevo Tashi e Sashi fin dai primi giorni in cui ero venuta al mondo, quando mi avevano trattata a dir poco con trascuratezza. Da allora avevano fatto grandi sforzi per redimersi e adesso si prodigavano molto per il mio benessere.

«Ho un messaggio urgente da consegnare» disse loro Tenzin quando entrarono nell'ufficio.

«Sì, signore!» risposero all'unisono. «È essenziale che lo diate a Geshe Wangpo in persona» sottolineò dando una busta sigillata a Tashi, di soli dieci anni, il più grande dei due.

«Sì, signore!» ripeté lui.

«Niente ritardi, niente deviazioni» aggiunse severo Tenzin «anche se vi chiamasse un monaco anziano. È una questione ufficiale dell'ufficio di Sua Santità.»

«Sì, signore» esclamarono in coro i ragazzini, radiosi in volto per l'importanza di quella missione inattesa.

«Ora andate» ordinò Tenzin.

Si girarono rapidamente l'uno verso l'altro prima

che Tashi dicesse con voce trillante: «Solo una domanda, signore».

Tenzin inarcò le sopracciglia.

«Come sta GSS, signore?»

Tenzin si voltò nella direzione in cui mi trovavo, spaparanzata sullo schedario. Aprii gli occhi battendo le palpebre solo una volta.

«Come potete vedere è ancora viva.» Aveva un tono spiritoso. «Ora correte!»

Appena tornai dal caffè quel pomeriggio e saltai sullo schedario per darmi una rapida pulita alle orecchie color carbone, chi comparve dall'altra parte dell'ufficio se non Geshe Wangpo in persona? Non era solo il più riverito lama del monastero di Namgyal, ma anche uno dei più temuti. Geshe della vecchia scuola – il titolo si riferisce al diploma accademico di grado più alto per i monaci buddisti –, era quasi ottantenne e aveva studiato in Tibet prima dell'invasione cinese. Aveva la corporatura robusta, muscolosa, tipica dei tibetani, una testa fina e ben poca tolleranza per l'indolenza del corpo o della mente. Era inoltre un monaco di immensa compassione, il cui amore per i suoi studenti non era mai stato posto in dubbio.

Tanto autoritaria era la sua presenza sulla porta che Tenzin si alzò per salutarlo: «Geshe-la!».

Il lama lo invitò a sedersi con un gesto. «Grazie per il messaggio di due giorni fa» disse con aria grave. «Chogyal era gravemente malato.»

«Così ho sentito» affermò Tenzin. «Stava bene quando è partito. Avrà forse preso qualcosa sul pullman?»

Geshe Wangpo scosse la testa. «È stato il cuore.» Non entrò nei dettagli. «È peggiorato durante la notte. Era molto debole ma è rimasto cosciente. Quando l'ho richiamato, stamattina, non riusciva però quasi a parlare, era alla fine. Purtroppo per noi è venuta la sua ora. Non riusciva a muoversi ma sentiva la mia voce. La sua morte fisica è avvenuta alle nove però è rimasto nella chiara luce per più di cinque ore.»

Tenzin impiegò parecchio, come me, a digerire la notizia. Chogyal, il nostro Chogyal, morto? Non era passato molto tempo da quando si aggirava indaffarato per l'ufficio. Ed era ancora così giovane: non poteva avere più di trentacinque anni.

«Ha avuto una morte molto buona» commentò Geshe Wangpo. «Possiamo confidare nel fatto che il suo *continuum* sia positivo. Ciò nonostante, stasera ci sarà una preghiera speciale al tempio, e potrebbe essere utile fare delle offerte.»

Tenzin assentì. «Certamente.»

Mentre Geshe Wangpo spostava lo sguardo da Tenzin a me e di nuovo a Tenzin, il suo atteggiamento solitamente severo si ammorbidì lasciando il posto a un'espressione di grande tenerezza. «È normale provare tristezza e dolore quando perdiamo qualcuno a cui teniamo. E Chogyal era un uomo molto, molto buono. Ma non dovete angosciarvi per lui. Ha vissuto bene. Per quanto la morte sia arrivata inattesa, non aveva niente da temere. Inoltre è morto serenamente. Costituisce un buon esempio per tutti noi.»

Detto ciò, si girò e uscì dall'ufficio.

Tenzin si chinò in avanti e chiuse gli occhi per un po', poi si alzò e si avvicinò allo schedario. Allungò una mano per accarezzarmi. «Si stenta a crederlo, vero, GSS?» Gli si riempirono gli occhi di lacrime. «Il caro, buon Chogyal.»

Poco dopo apparve Lobsang. Attraversò la stanza andando da Tenzin, che mi stava ancora accarezzando. «Geshe-la mi ha appena dato la notizia» affermò. «Mi dispiace tanto.»

I due si abbracciarono, Lobsang con addosso la veste da monaco, Tenzin con il suo abito scuro. Quando si scostarono, Lobsang disse: «Cinque ore nella chiara luce!».

«Sì, così ha detto Geshe-la.»

Nel buddismo tibetano il processo della morte è soggetto a una preparazione dettagliata. Avevo sentito spesso Sua Santità parlare della chiara luce come della condizione naturale della nostra mente quando è libera da tutti i pensieri. Dato che è uno stato al di là di ogni concezione, le parole possono solo denotarla: non sono in grado di descrivere l'indescrivibile. Ma talvolta i termini usati per accennarvi sono *infinita, splendente, beata.* È uno stato permeato d'amore e di compassione.

I più esperti a meditare riescono a sperimentare la chiara luce ancora in vita, perciò quando sopraggiunge la morte, invece di temere la perdita dell'identità personale, riescono a restare in questa condizione di non dualismo con un tale grado di controllo che possono orientare la mente su quanto accadrà in seguito anziché essere spinti dalla forza dell'attività mentale abituale, dal karma.

Anche se una persona viene dichiarata morta dal punto di vista medico, mentre permane nello stato di chiara luce il corpo resta elastico e mantiene un colorito sano. Non c'è putrefazione né perdita di liquidi. Agli altri sembra semplicemente che il defunto dorma. Com'è noto, i grandi yogi sono rimasti nella chiara luce per giorni, addirittura per settimane.

Il fatto che Geshe Wangpo avesse assicurato che Chogyal era rimasto nella chiara luce fu dunque una notizia di estrema importanza. La sua vita poteva anche essere stata breve, ma quello che ne aveva fatto aveva un valore inimmaginabile: ora sarebbe stato in grado di avere un certo controllo sul suo destino.

Tenzin infilò la mano nel cassetto, prese il cellulare e se lo mise in tasca, gesto che preludeva sempre a un suo allontanamento dall'ufficio.

«Vado a dare da mangiare agli uccelli» disse a Lobsang.

«Buona idea» rispose l'altro. «Vengo con te, se posso.»

Si incamminarono verso la porta.

«Adesso è la cosa più importante, vero?» osservò Lobsang. «Fare tutto il possibile per aiutare chi ci ha lasciati.»

Tenzin annuì. «E malgrado lui non abbia tanto bisogno del nostro aiuto, è bene avere qualcosa di positivo su cui concentrarci.»

«Esatto» concordò Lobsang. «Qualcosa di diverso da noi stessi.»

Il suono delle loro voci si affievolì mentre percorrevano il corridoio. Rimasi sola sullo schedario a pensare che non avrei più rivisto Chogyal. Non sarebbe più entrato dalla porta sedendosi sulla sedia di fronte a Tenzin e prendendo l'evidenziatore giallo per contrassegnare i documenti, credendo che servisse a quello, mentre io sapevo in realtà che era un gioco da lanciare dalla scrivania sul tappeto.

Pensai anche all'ultima volta che Chogyal mi aveva presa, quando gli avevo conficcato gli artigli nel braccio. Irritata con lui perché mi aveva tolto la coperta beige e con essa le ultime tracce di mia figlia, ero infelice e mi ero comportata in modo meschino. Non era l'ultimo ricordo che avrei voluto avesse di me, ma era troppo tardi per cambiare le cose. Mi consolò solo il pensiero che gran parte del tempo passato insieme fosse stato sereno. Quando il karma ci avesse riavvicinati in una vita futura, come aveva fatto in questa, l'energia tra noi sarebbe stata positiva.

Quella sera guardai dal davanzale i monaci di Namgyal attraversare il cortile insieme ai cittadini che si riversavano dai cancelli del monastero. Non avevo capito che le preghiere per Chogyal erano aperte al pubblico né quanto lui fosse noto e amato nella comunità.

Mentre arrivavano sempre più persone, decisi che ci sarei andata anch'io. Scesi di sotto, andai in cortile e poco dopo risalii i gradini del tempio insieme a un gruppo di anziane suore.

C'è qualcosa di particolarmente magico nel tempio la sera. E quella sera le grandi statue del Buddha all'ingresso, con i loro splendidi volti dipinti d'oro, erano illuminate da una marea di lampade a burro tremolanti dedicate a Chogyal e a tutti gli esseri viventi.

Le altre offerte tradizionali, cibo, incenso, profumi e fiori, facevano tutte parte della stessa festa dei sensi, che mi scatenò un fremito di piacere nelle vibrisse.

Osservai i grandi *thangka* alle pareti con le loro vivide rappresentazioni delle divinità: Maitreya, il Buddha del futuro, Manjushri, il Buddha della saggezza, Tara Verde, Mahakala, il protettore del Dharma, il Buddha della medicina e il riverito maestro Lama Tsongkhapa. Nella luce soffusa della sera le figure sembravano per qualche motivo più vicine che di giorno, presenze incombenti che osservavano dai loro troni di loto.

Di rado avevo visto tanta gente nel tempio come quella sera. Dai lama e rinpoche anziani seduti davanti agli altri monaci, alle suore e ai cittadini sistemati più indietro, occupavano ogni spazio disponibile. Una suora con cui ero arrivata mi trovò un posto su una mensola in basso in fondo al tempio, da cui potevo sorvegliare tutto ciò che accadeva. I presenti accendevano le lampade a burro, giungevano le mani in preghiera e mormoravano conferendo grande solennità all'evento. Sì, c'era ovviamente un senso di perdita e di profonda tristezza, ma si percepiva in sottofondo anche un sentimento di natura molto diversa. Si era sparsa la voce, come ovvio, che Chogyal era rimasto nella chiara luce e in mezzo al dolore c'era un tacito orgoglio, persino contentezza, all'idea che avesse avuto una morte così buona.

All'arrivo di Geshe Wangpo ammutolirono tutti all'istante, in preda a un timore reverenziale. Si sedette sul trono dell'insegnamento, il sedile rialzato nella parte anteriore del tempio, e condusse l'assemblea in un canto prima di invitarci a una breve meditazione. Nel tempio c'era silenzio ma non immobilità. Anzi, sembrava pervaso da una strana energia. Era solo la mia sensibilità felina a percepire la forza di centinaia di menti focalizzate sul benessere di Chogyal? L'intenzione collettiva di tante persone esperte di meditazione che conoscevano bene Chogyal era in grado di diffondersi e di arrecargli beneficio in quel momento?

Geshe Wangpo concluse la meditazione con un lieve rintocco di campana. Dopo aver letto un messaggio conciso del Dalai Lama, che aveva inviato le sue condoglianze personali e una benedizione speciale dall'America, parlò di Chogyal nel modo tibetano tradizionale descrivendo la sua famiglia a Kham, una provincia del Tibet orientale, e gli studi monastici iniziati precocemente, poi citò alcuni insegnamenti fondamentali che aveva ricevuto.

Geshe Wangpo era sempre scrupoloso quando si trattava di seguire la tradizione. Sapeva però anche coinvolgere il pubblico, buona parte del quale non era composto da monaci ma da capofamiglia comuni. «Chogyal aveva solo trentacinque anni quando è morto» disse sommessamente. «Se dobbiamo imparare qualcosa dalla sua morte, e non ho dubbi che lui vorrebbe che lo facessimo, dovremmo ricordare che la morte può colpirci in qualsiasi momento. In genere non vogliamo pensarci. Accettiamo ovviamente il fatto che si verificherà, ma la vediamo come qualcosa che accadrà molto in là in futuro. Questo modo di pensare» Geshe Wangpo fece una pausa per conferire maggiore enfasi «è sciagurato. Buddha stesso disse che la meditazione più importante di tutte è quella sulla morte. Non è morboso, non è deprimente riflettere sulla propria morte. È l'esatto contrario! Solo quando affrontiamo la realtà della nostra morte sappiamo veramente come vivere.

«Vivere come se dovessimo andare avanti per sempre, questo sì che è un tragico spreco» proseguì. «Una mia allieva, una signora con un cancro al quarto stadio, è arrivata molto vicina alla morte l'anno scorso. Quando sono andato a trovarla in ospedale, era un fragile spettro in un letto, collegata a tubi e attrezzature d'ogni genere. Per fortuna è uscita vittoriosa dalla sua battaglia. E proprio di recente mi ha raccontato un fatto molto interessante: la malattia è stata il dono più grande che abbia mai ricevuto, ha affermato, perché per la prima volta si è trovata davvero davanti alla morte e solo allora ha capito quanto sia prezioso essere vivi.»

Tacque per lasciar sedimentare il messaggio.

«Ora si sveglia ogni giorno con un senso di profonda gratitudine per il fatto di essere qui, ora, libera dalla malattia. Ogni giorno per lei è un regalo. È più appagata e in pace con se stessa. Non si preoccupa tanto delle cose materiali sapendo che hanno solo un valore limitato, a breve termine. Si dedica con molto entusiasmo alla meditazione perché sa per esperienza diretta che qualsiasi cosa succeda al suo corpo, la coscienza rimane.

«Le pratiche indicate nel Dharma ci aiutano ad assumerci la responsabilità della nostra coscienza. Anziché essere vittime dell'agitazione mentale e degli schemi abituali di pensiero, abbiamo l'occasione preziosa di liberarci e di comprendere la vera natura della nostra mente. *Questo* possiamo portare con noi. Non i nostri amici, non i nostri cari, non i nostri beni. Risvegliarsi nella realtà della coscienza infinita, splendente, al di là della morte è una conquista duratura. E con questa consapevolezza sappiamo di non avere nulla da temere.» Sul volto gli spuntò un sorriso malizioso. «Scopriamo che la morte, come qualsiasi altra cosa nella vita stessa, non è che un mero concetto.»

Geshe Wangpo si portò una mano al cuore. «Vorrei che tutti i miei studenti arrivassero quasi a morire. Non c'è migliore sveglia di questa per imparare a vivere. Forse alcuni allievi come Chogyal non ne avevano bisogno. Era un praticante molto coscienzioso, dal cuore generoso e con un karma incredibilmente buono, tanto da aver lavorato a stretto contatto con Sua Santità per alcuni anni. Chi di noi ha avuto il bene di entrare in contatto con il Dalai Lama non dovrebbe sottovalutare questo fatto.»

Mi chiesi se Geshe-la avesse fatto quell'ultimo commento per me. A volte quando lo sentivo nel *gompa*, nel monastero, mi sembrava che molte delle sue parole fossero rivolte specificamente a me. Ero l'essere che trascorreva più tempo con il Dalai Lama rispetto a tutti gli altri, quindi che cosa avrei dovuto pensare del *mio* karma?

«Continueremo a ricordare Chogyal nelle preghiere e nelle meditazioni, soprattutto nelle prossime sette settimane» continuò Geshe Wangpo riferendosi al periodo massimo in cui si riteneva che la coscienza restasse nel *bardo*, lo stato tra la fine di un'esistenza e l'inizio di un'altra. «E dovremmo ringraziarlo nel nostro cuore per averci ricordato che la vita è effimera e può terminare in qualsiasi momento» sottolineò.

«Nel Dharma abbiamo il termine *consapevolezza*.

La consapevolezza si ha quando la nostra conoscenza di qualcosa si approfondisce fino al punto da cambiare il nostro comportamento. Spero che la morte di Chogyal ci aiuti tutti ad arrivare alla consapevolezza che anche noi moriremo. Questa consapevolezza ci aiuta a lasciare andare certe cose, a sperimentare un profondo apprezzamento, persino un senso di stupore, per il solo fatto di essere vivi. Non dobbiamo rimandare la pratica del Dharma: il tempo è prezioso e dobbiamo usarlo saggiamente.

«Coloro che sono qui stasera sono tra i più fortunati al mondo, perché conoscono le pratiche che possono aiutarci a trasformare la coscienza e la nostra esperienza della morte stessa. Se siamo devoti come Chogyal, quando sopraggiungerà la morte non avremo niente da temere. E mentre siamo ancora vivi... che meraviglia!»

Il mattino dopo, mentre me ne stavo seduta sul davanzale, notai Tenzin attraversare il cortile mezz'ora prima del solito. Invece di andare dritto in ufficio come normalmente faceva, andò al tempio, dove cominciò la giornata con una seduta di meditazione.

Seguirono ben presto altri cambiamenti. Un giorno arrivò al lavoro portando una valigia dalla forma strana che appoggiò al muro dietro al posto dove era solito sedersi Chogyal. La annusai curiosa chiedendomi che cosa potesse contenere. Era più grande di una borsa portacomputer ma più sottile di una ventiquattrore, con una strana sporgenza su un lato.

All'ora di pranzo Tenzin si ritirò nella stanza del pronto soccorso dove in genere mangiava un sandwich ascoltando la BBC World Service con me. Quel giorno tuttavia dall'altra parte della porta chiusa arrivarono borbottii e stridii d'ogni genere, oltre a soffi acuti. Più tardi lo udii raccontare a Lobsang incuriosito: «Avevo quel sassofono a casa da vent'anni. Ho sempre voluto imparare a suonarlo. Una cosa che ho appreso da Chogyal...» disse annuendo verso la sedia su cui era solito sedersi il monaco.

«Non c'è momento migliore di questo» concordò Lobsang. «*Carpe diem!*»

E io, caro lettore? Non avendo l'aspirazione di suonare il sassofono né tantomeno l'ottavino, non intendevo però rinunciare alle mie visite all'Himalaya Book Café per pranzo. Tuttavia la morte di Chogyal era un'esortazione urgente: la vita ha un termine, ogni giorno è prezioso. E il semplice fatto di svegliarsi in buona salute è davvero una benedizione, perché la malattia e la morte possono colpire in qualsiasi istante.

Malgrado lo sapessi anche prima – in fondo era un

tema di cui Sua Santità parlava spesso – c'è una gran differenza tra accettare un'idea e cambiare il proprio comportamento. Se in precedenza ero soddisfatta, ora mi rendevo conto che ogni giorno di salute e di libertà era un altro giorno in cui creare le cause e le condizioni per un futuro più felice.

La noia? L'apatia? Sembravano così irrilevanti al pensiero della velocità con cui passava il tempo. Avevo compreso con assoluta chiarezza che per avere una vita felice e piena di significato era prima necessario affrontare la morte. Veramente, non solo a livello teorico. Perché, dopo, il cielo al crepuscolo sarà ancora più splendente, le volute di fumo d'incenso ancora più affascinanti, i bocconcini di salmone affumicato con salsa alla senape di Digione del ristorante ancora più stuzzicanti per il palato, per le vibrisse e persino per la coda.

5

Erano trascorse quasi trentacinque delle quarantanove notti in cui Sua Santità sarebbe stato via quando capii di aver perso qualcosa nella mia vita. Era scomparso così gradualmente che non mi ero accorta della sua assenza finché non era svanito quasi del tutto: avevo smesso di fare le fusa.

Le facevo sempre quando Tenzin passava dalla corrispondenza poco importante con i leader del mondo, conservata nello schedario, a quella ben più rilevante che vi stava sopra. E non mancavo mai di segnalare il mio apprezzamento per i pasti deliziosi dell'Himalaya Book Café.

Ma a parte queste fusa sporadiche, occasionali, ero rimasta muta per gran parte della settimana. E non mi faceva alcun bene. Il che mi riporta all'interrogativo fondamentale delle mie riflessioni: *perché i gatti fanno le fusa*?

La risposta può sembrare del tutto ovvia ma, come

per gran parte delle attività feline, è più complessa di quanto appaia. Sì, facciamo le fusa perché siamo appagati. Il calore di un focolare, l'intimità di un grembo, la promessa di un piattino di latte, tutto ciò può indurre i nostri muscoli laringei a vibrare a una velocità sorprendente.

Ma l'appagamento non è l'unico fattore scatenante. Come una persona può sorridere quando si sente nervosa o perché vuol fare appello al vostro lato migliore, così i gatti fanno le fusa. Una visita dal veterinario, o un viaggio in macchina possono spingerci a farle per rassicurarci. E se i vostri passi in cucina vi portano verso, ma non davanti, l'unico armadietto di interesse felino, potreste forse sentire delle fusa gutturali mentre vi avvolgiamo in modo eloquente la coda attorno alle gambe o vi supplichiamo con una sferzata un po' più perentoria sulle caviglie.

La ricerca bioacustica svela un altro particolare affascinante: la frequenza delle fusa di un gatto è una terapia ideale per alleviare il dolore, guarire le ferite e stimolare la crescita ossea. Noi gatti generiamo onde sonore terapeutiche molto simili alla stimolazione elettrica sempre più usata in medicina, salvo che lo facciamo naturalmente e spontaneamente a nostro stesso beneficio.

(Nota per i gattofili: se il vostro adorato felino fa

le fusa più spesso del solito, forse è ora di andare dal veterinario. Potrebbe sapere qualcosa sulla sua salute che a voi sfugge.)

Al di là di queste ragioni ne esiste un'altra, verosimilmente la più importante di tutte. Ma finché Sam Goldberg non lasciò per sbaglio aperta la sua porta, non ne capii l'importanza vera e propria.

Poche cose sono più attraenti per un gatto di una porta socchiusa che fino a quel momento è sempre stata sbarrata. Impossibile per noi resistere all'occasione di esplorare un territorio ignoto o persino proibito: per questo rimasi bloccata fino a tardi un pomeriggio mentre stavo per tornare a Jokhang. Saltando giù dal portariviste, notai che la porta dietro il banco della libreria era aperta e rividi i miei piani. Sapevo che conduceva di sopra, all'appartamento di Sam. Quando Franc lo aveva assunto per organizzare e gestire la libreria, l'accordo prevedeva che potesse usare l'appartamento, che fino ad allora era stato adibito a magazzino.

Mi infilai senza indugio nell'apertura ritrovandomi subito davanti a una rampa di scale. Era ripida e stretta, coperta da un tappeto ammuffito; avrei impiegato un po' a salirla. Ignorando la rigidità delle mie zampe posteriori proseguii verso la luce che arrivava da una seconda porta in alto. Socchiusa anche quella, conduceva all'abitazione di Sam.

Mi ero chiesta spesso che cosa facesse quando andava di sopra, perché dal mio punto di osservazione sopraelevato la sua vita lavorativa sembrava piuttosto monotona. Se passava una parte del giorno a parlare con i clienti, ad aprire le scatole arrivate dagli editori o a sistemare i libri, per il resto rimaneva più che altro seduto dietro il banco, incollato al computer. A cosa lavorasse esattamente era un mistero. Quando parlava con Serena, usava talvolta termini come *programma di inventario, cataloghi degli editori* e *pacchetto per la contabilità*. E scherzava frequentemente sostenendo di essere un tipo fuori dal mondo che si sentiva liberato appena si sedeva dietro una tastiera.

Ma per tutte quelle ore? Ogni giorno? Questo mi rendeva ancora più curiosa all'idea di quello che avrei scoperto in cima alle scale.

Non c'erano dubbi sul fatto che Sam avesse una mente molto interessante. Spesso, dopo aver discusso con lui di argomenti quali la manifestazione spontanea dei simboli tibetani sulle pareti delle caverne o le affinità tra le biografie e gli insegnamenti di Gesù e di Buddha, la gente lo definiva un pensatore straordinario. Mi chiesi se il suo appartamento fosse altrettanto affascinante.

Stavo ancora riflettendo sulle varie possibilità quando giunsi di sopra. Consapevole che la mia comparsa sarebbe stata inattesa, avanzai cauta. Infilandomi nello spazio tra la porta e lo stipite, mi ritrovai in una stanza grande con pochi mobili. Le pareti bianche erano spoglie, senza quadri. A sinistra c'erano un letto matrimoniale con un piumino blu sbiadito e due finestre con le veneziane di legno. Contro la parete opposta rispetto alla porta c'era una scrivania con tre grandi monitor. Sam era seduto là e mi dava la schiena. Il pavimento attorno a lui era coperto da un groviglio di cavi e attrezzature informatiche.

Allora era *così* che Sam trascorreva le sue serate? Si spostava dalla scrivania del bookshop a quella di casa? C'era una poltrona a sacco in un angolo dell'appartamento, ma da quello che sembrava lui passava gran parte del tempo al computer. In quel momento era occupato in una videoconferenza e sui monitor c'erano le immagini in miniatura degli altri partecipanti. Lo avevo sentito spiegare a Serena che era un modo per restare in contatto con gli autori, e in certi casi riusciva a indurre quelli che facevano un viaggio in India a visitare il negozio per una presentazione o un firmacopie.

Con Sam impegnato nella videoconferenza, mi guardai attorno nella stanza. La mia attenzione fu attratta da un mucchio di piccoli oggetti rotondi, giallo neon, che riconobbi all'istante grazie alla rubrica sportiva che guardavo in televisione: palline da golf! Accanto a esse, appoggiato al muro, c'era un *putter*.

Mi avvicinai furtiva alle palline. Quando fui a breve distanza, mi accucciai come un felino della giungla e balzai sul mucchio lanciandone una a gran velocità lungo il pavimento. Sbatté contro il battiscopa del muro opposto con un colpo secco.

Sam si girò di scatto e mi sorprese con le zampe strette attorno a un'altra e la bocca aperta come se volessi morderla.

«Rinpoche!» esclamò guardando prima me, poi la porta aperta. Diedi un colpo alla pallina e sfrecciai di qua e di là in preda a un momento di follia prima di saltare sul letto.

Sorrise.

«Cosa succede?» fece una voce da un altoparlante.

Sam puntò la telecamera su di me per un attimo. «Una visita inaspettata.»

Dalle altre parti del mondo si levò un coro di *ooh* e *aah*.

«Non sapevo che amassi i gatti» commentò un uomo con un accento americano.

Sam scosse la testa. «Di solito no, ma questa è molto speciale. Sapete, è la gatta del Dalai Lama.»

«E viene a trovar*ti* a casa *tua*?» chiese incredulo qualcun altro.

«È veramente splendida!» esclamò un'altra voce.

«È adorabile» osservò con dolcezza un'altra ancora.

Per qualche istante ci fu grande eccitazione mentre tutti digerivano quella notizia di importanza globale. Appena ripresero il discorso, tornai alle palline da golf. Non mi ero resa conto che avessero una solidità così rassicurante. E quanto pesavano! Adesso capivo perché i golfisti riuscivano a tirarle lontano.

Ne lanciai un'altra verso un bicchiere di plastica nero. Andò oltre il bersaglio, colpì il battiscopa e tornò veloce verso di me. Sorpresa, balzai di lato appena in tempo. A quanto pareva il golf poteva essere imprevedibile e pericoloso in modi che non avrei mai immaginato.

Annoiata da quello sport, mi addentrai in un corridoio trovando la cucina. A differenza di quelle di Jokhang, sempre in uso e nelle quali si avvertiva continuamente un mix allettante di profumi, la cucina di Sam era sterile e priva di interesse, forse perché lui consumava gran parte dei pasti di sotto. Notai alcune lattine di birra vuote e una confezione di gelato tra i rifiuti. Non c'era nulla di intrigante.

Stavo girovagando in cerca di altre stanze – non ce n'erano – quando un partecipante alla conference call disse: «La psicologia è ancora una scienza giovane. È stato poco più di cent'anni fa che Freud ha coniato il termine *psicanalisi*. Da allora ci si è concentrati soprattutto sul fine di aiutare le persone con gravi problemi mentali. Solo di recente abbiamo assistito a trend come la psicologia positiva, il cui scopo non è andare da meno dieci a zero ma da zero a più dieci.»

«Massimizzare il nostro potenziale» intervenne una voce.

«La condizione di massima prosperità» aggiunse un'altra.

«Quello che non capisco» stava dicendo Sam «è perché dopo tutte le ricerche degli ultimi decenni non ci sia ancora una formula della felicità.»

Mi bloccai. Una *formula della felicità*? Era tipico di Sam, con i suoi programmi, i codici e gli algoritmi. Come se la felicità potesse essere ridotta a un insieme di dati scientifici.

«C'è un'equazione» rispose l'uomo al centro dello schermo. «Ma come gran parte delle formule ha bisogno di qualche chiarimento.»

Sul serio? Non sapevo se il Dalai Lama fosse a conoscenza di una formula del genere ma l'idea mi indusse di per sé a drizzare le orecchie.

«La formula è: F è uguale a P più C più V» affermò l'uomo mentre la scriveva sulla tastiera e questa appariva sul monitor. «La felicità è uguale a quello che si chiama *punto biologico prestabilito* di felicità, o P, più le *condizioni della vita*, C, più V, le *variabili volontarie*. In base a questa teoria ogni individuo ha un punto prestabilito o livello medio di felicità. Alcuni sono per natura ottimisti e allegri e si collocano a un'estremità della curva a campana. Altri hanno un'indole cupa e ricadono nell'altra estremità. La grande maggioranza di noi sta da qualche parte nel mezzo. Questo punto prestabilito è il nostro standard personale, il livello base del benessere soggettivo a cui tendiamo a tornare dopo i trionfi e le tragedie, gli alti e i bassi della nostra vita. Vincere alla lotteria può renderti più felice per un po', ma le ricerche dimostrano che alla fine probabilmente tornerai al tuo punto prestabilito.»

«C'è modo di cambiarlo?» domandò una giovane donna con un accento britannico. «O restiamo legati a esso e basta?»

Balzai dal pavimento al letto e dal letto alla scrivania per poter seguire meglio la discussione.

«La meditazione» affermò un uomo con una pelata lucida e la pelle luminosa. «Ha un effetto potente. Gli studi hanno dimostrato che i punti prestabiliti di alcuni esperti di meditazione sono decisamente fuori scala.»

Sì, pensai, *Sua Santità lo sa certamente!*

«Passando alle condizioni, C» proseguì l'uomo che stava spiegando la teoria del punto prestabilito «ci sono alcuni fattori che non possiamo controllare: il sesso, l'età, la razza, l'orientamento sessuale, per esempio. A seconda di dove nasciamo nel mondo, questi fattori possono avere o meno un'influenza enorme sul nostro livello probabile di felicità.

«Per quanto riguarda V, le variabili volontarie, queste comprendono le attività che scegliamo di svolgere, come l'esercizio fisico, la meditazione, imparare a suonare il piano, far propria una causa. Richiedono un'attenzione continua, il che significa che non ci abituiamo a esse così come facciamo con un'auto nuova o una nuova fidanzata perdendo l'interesse quando la novità scompare.»

Queste parole suscitarono una risatina internazionale.

«Prendendo la formula della felicità nel suo complesso, noterete che se determinati elementi non possono essere cambiati, altri sono modificabili. L'obiettivo fondamentale dovrebbe essere concentrarsi sulle cose che si possono cambiare e che avranno un effetto positivo sulla nostra sensazione di benessere» aggiunse.

Un clangore lontano di piatti e il suono di un corno tibetano mi ricordarono la cerimonia che quel giorno si stava tenendo al monastero di Namgyal. Tutti i monaci erano stati invitati a un pranzo in onore dei numerosi Geshe neodiplomati giunti con successo alla fine dei loro quattordici anni di studio. In passato avevo scoperto che in tali occasioni era molto gratificante restare nei paraggi delle cucine del monastero.

Saltando giù dal tavolo di Sam e puntando verso le scale, riflettei sulla *formula della felicità*. Era una visione interessante e non molto diversa da quanto Sua Santità soleva ripetere. Le ricerche moderne dell'Occidente e la saggezza antica dell'Oriente sembravano arrivare allo stesso punto.

Diversi giorni dopo Bronnie Wellensky arrivò al caffè con un volantino da appendere in bacheca. Bronnie, la poco più che ventenne coordinatrice canadese di un'organizzazione benefica che si occupava di istruzione, usava la bacheca del locale per attaccare manifesti per i turisti pubblicizzando attività come le visite ai centri di artigianato e i concerti di musicisti locali. Era chiassosa, allegra e sempre in movimento, con i capelli lunghi fino alle spalle perennemente scompigliati. Era a Dharamsala solo da sei mesi ma aveva già ottimi contatti.

«Questo è perfetto per te» disse a Sam attaccando il volantino.

Lui sollevò lo sguardo dal monitor.

«Che cos'è?»

«Abbiamo bisogno di volontari che insegnino le nozioni base del computer agli adolescenti locali. Aumenta la loro impiegabilità.»

«Io ho già un lavoro» replicò Sam.

«È *molto* part-time» sottolineò Bronnie. «Tipo due sere alla settimana, ma anche una sarebbe perfetto.»

Piazzato il volantino bene in vista, si avvicinò al banco della libreria.

«Non ho m-mai insegnato a nessuno» le spiegò Sam. «Voglio dire, non sono qualificato. Non saprei da dove cominciare.»

«Dall'inizio» replicò lei rispondendo alla sua aria incerta con un sorriso sfolgorante. «Non ha importanza che tu non abbia mai insegnato prima. Quei ragazzi non sanno niente. Non arrivano da famiglie che hanno un computer a casa. *Qualsiasi cosa* tu possa trasmettere loro per aiutarli sarebbe meravigliosa. Scusa, non conosco il tuo nome» disse allungando la mano sul banco. «Io sono Bronnie.»

«Sam.»

Mentre le dava la mano, sembrò notarla per la prima volta.

«Ti ho visto lavorare al computer» osservò lei.

Sam sollevò le braccia in segno di finta resa. «Lo ammetto, sono un tantino disadattato.»

«Non intendevo questo» esclamò allegra Bronnie.

«Ma è vero» replicò lui con una scrollata di spalle.

Sostenendo il suo sguardo lei disse: «Non hai idea dell'aiuto che potresti dare a quei ragazzi. Anche le cose che per te sono scontate sarebbero una scoperta».

Conoscevo la causa probabile della riluttanza di Sam. In passato aveva detto sia a Franc sia a Geshe Wangpo che non era semplicemente fatto per «stare in mezzo alla gente». E ora quella donna gli chiedeva di mettersi davanti a un gruppo a insegnare.

Bronnie non aveva distolto lo sguardo dal suo e stava ancora sorridendo calorosamente. «Tra tutte le attività di volontariato che potresti fare, questa potrebbe valorizzare al meglio le tue capacità.»

Fu la parola con la V a convincerlo. *Volontariato.* Bronnie non si era resa conto di aver toccato una delle variabili fondamentali della formula della felicità.

«Ovviamente ti darei una mano» aggiunse.

Vedeva che la sua resistenza aveva iniziato a incrinarsi?

«L'internet point dall'altra parte della strada mette a disposizione i locali» affermò. «Si tratterebbe soltanto di un'ora nel tardo pomeriggio. Word processing di base, forse il foglio elettronico… Cose di questo genere.»

Lui stava annuendo.

«Oh, *per favore*, dimmi che lo farai!» esclamò d'impulso.

Un sorriso si formò agli angoli della bocca di Sam. «Okay, okay!» rispose guardando il banco. «Lo farò.»

Sam prese il suo compito di insegnante molto seriamente. Scaricò subito alcuni tutorial per principianti, guardò dei video su YouTube per imparare le basi e cominciò a prendere appunti. Più volte nei momenti di calma al caffè lo sentivo chiedere ai camerieri di un certo termine o concetto: era qualcosa che i giovani indiani avrebbero capito?

Non so quando tenne la sua prima lezione di informatica. Forse fu un pomeriggio, quando ero già tornata a casa a Jokhang. Ben presto però in lui avvenne un cambiamento percettibile. Passava meno tempo dietro il banco della libreria e più tempo a parlare con i clienti. Anche nella sua postura c'era qualcosa di diverso. Per qualche motivo sembrava più alto.

Le sue prime lezioni erano andate tanto bene da indurlo a continuare. Lo seppi da un commento che fece Bronnie quando una mattina venne a trovarlo al locale.

«Ieri sei stato *fantastico*» gli disse con gli occhi che le brillavano.

«Oh, è stato solo…»

«Due ore di domande!» esclamò ridendo. «Mai successo.»

«Tutti sembravano divertirsi.»

«Compreso il disadattato che non sa insegnare?»

«Compreso lui.»

«*Soprattutto* lui, direi.» Chinandosi sul banco gli prese la mano e gli disse qualcosa che lo fece scoppiare a ridere. Sì, Sam che rideva a crepapelle. Io stessa non ci avrei creduto se non lo avessi sentito con le mie orecchie color carbone.

Stava succedendo qualcosa, caro lettore. Qualcosa che era iniziato con la lettera v ma non finiva lì. Non se il mio intuito felino era affidabile.

Fu durante una riunione di fine giornata con la cioccolata calda che i miei sentori trovarono conferma. Guarda caso quella sera c'era anche Lobsang in libreria. Serena gli chiese di raggiungerli, invito che lui accettò. Guardandoli mentre si sedevano fianco a fianco sul divano, Sam aprì la porta del suo appartamento. Le scale rimbombarono quando salì. Di sopra si udirono voci attutite, poi il rumore dei suoi passi che scendevano, seguiti da quelli di qualcun altro.

Fissai affascinata Bronnie. Era la prima volta che la vedevo con i capelli dritti e lucidi e il volto trasformato dal trucco. Indossava un paio di jeans che le fasciavano il corpo e un grazioso top.

«Questa è Bronnie» annunciò Sam presentandola a Lobsang. Serena non aveva bisogno di presentazioni perché si erano già conosciute. «La mia fidanzata» aggiunse.

Bronnie lo guardò con adorazione.

Sam era raggiante.

Lobsang giunse i palmi all'altezza del cuore e si inchinò.

Serena ridacchiò. «Sono molto felice per voi!»

Quando si furono seduti, Kusali diede corso al rito di fine giornata: cioccolata calda, biscotti per cani e la mia ciotolina di latte.

Lobsang guardava ora Bronnie ora Sam con un sorriso sereno. «Allora, dove vi siete conosciuti?»

«Mi servivano volontari per il corso di informatica» rispose Bronnie. «Stiamo cercando di preparare i ragazzi del posto per il mondo del lavoro e Sam si è offerto.»

Lui sorrise. «Non avrebbe accettato un no come risposta.»

«Puoi smettere quando vuoi» scherzò Bronnie. Guardando Serena e Lobsang aggiunse: «Non lo farà. È un insegnante straordinario e i ragazzi lo adorano».

Sam guardò a terra.

«Gli hanno persino dato un nome.»

«Piantala!» esclamò lui.

«La seconda sera, o era la terza, in cui era là…»

«Bronnie!»

«… hanno deciso di chiamarlo *Super-Geek*. Con grande affetto, ovviamente.»

Serena rise. «Ovviamente.»

Bronnie era inarrestabile. «Sa comunicare in modo incredibile. Vedi le lampadine accendersi così» disse schioccando le dita.

«Seguo solo le indicazioni dei corsi online» obiettò Sam. Sentiva il bisogno di frenare quell'entusiasmo, malgrado sembrasse contento dell'attenzione mentre si appoggiava al divano.

«Un aspetto ancora più importante delle informazioni tecniche» proseguì lei prendendogli la mano «è che tu dai loro sicurezza. La sensazione che possano imparare facilmente qualsiasi cosa non sappiano. Questo non ha prezzo.»

«Allora hai scoperto una vera vocazione» commentò Lobsang.

Sam assentì. «Sì. Voglio dire, amo i libri ma mi ritrovo ad amare anche l'insegnamento. È come se grazie a Bronnie mi si fosse aperta una dimensione completamente nuova.»

«Vorrai dire grazie alla *formula*» replicò lei ironica.

«Alla formula?» chiese Serena.

«Sam dice che ha iniziato solo perché ho insistito parecchio» spiegò lei. «Poi però ha ammesso che l'attività volontaria fa parte di una *formula della felicità*.»

«Molto interessante» commentò Lobsang. «Per favore, raccontaci.»

Sam iniziò a parlare di punti prestabiliti, condizioni e variabili volontarie. Finii il mio latte, mi lavai il muso e saltai sulle ginocchia di Serena facendo con prudenza la pasta per un po' prima di sistemarmi.

Quando Sam ebbe finito di spiegare, con molta più autorità rispetto a un tempo, Lobsang chiese: «Quindi nel tuo caso la V, la variabile volontaria, sta aiutando gli studenti a trovare lavoro?».

Sam annuì. «Esatto.»

«Un'azienda ha già detto che prenderà i nostri tre allievi migliori» affermò Bronnie.

«È un esempio splendido!» osservò Lobsang battendo le mani per la gioia. «Quello che mi piace è che, facendo del bene agli altri, anche voi» li indicò «ne avete beneficiato! Conosco dei versi che mi sembrano calzanti. Parlano del lavoro che si trasforma in amore visibile.»

Iniziò a recitare:

È tessere un panno con i fili del vostro cuore,
come se quel panno fosse per chi voi amate.
È costruire con affetto una casa,
come se ad abitarvi dovesse entrarci chi voi amate.
È spargere i semi con tenerezza e poi raccogliere
nella gioia, come se a mangiare di quei frutti
dovesse essere chi voi amate.

«Sono proprio belli, Lobsang» esclamò Serena guardandolo con affetto. «Milarepa?» domandò citando un saggio buddista famoso per i suoi versi.

Lobsang scosse la testa. «Kahlil Gibran. Amo la sua poesia.» Il suo sguardo divenne assente mentre meditava sulle straordinarie parole che aveva appena citato.

«È uno dei miei poeti preferiti» concordò Sam. «Una scelta interessante per un monaco buddista.» Davanti all'aria interrogativa degli altri, spiegò: «Molte opere di Gibran sono romantiche, sensuali».

«Sì» rifletté Lobsang. Dopo una pausa aggiunse: «A volte mi perdo nella sua poesia e mi scordo d'essere questo o quello. Alla fine penso che forse non sia necessario essere monaco».

Le sue parole giunsero come un'ammissione inattesa. Per la prima volta sembrò stranamente vulnerabile.

Serena gli strinse la mano.

Dalle sue ginocchia guardai Lobsang e iniziai a fare le fusa.

Sì, caro lettore. Ecco l'altra ragione per cui noi gatti facciamo le fusa. Probabilmente è la più importante: rendervi felici. Fare le fusa è la nostra V, il nostro modo di ricordarvi che siete amati e speciali, che non dovreste mai dimenticare quello che proviamo per voi, soprattutto quando siete vulnerabili.

Inoltre le fusa sono il nostro modo di garantirvi una buona salute. Alcuni studi hanno dimostrato che avere un compagno felino riduce lo stress e abbassa la pressione sanguigna. I proprietari di gatti hanno probabilità minori di avere un attacco cardiaco rispetto a quanti vivono in un mondo senza gatti. Se volete, potete anche chiamarla la *scienza* delle fusa. Se scienza e arte non sembrano avere sempre molti punti in comune, in questo caso convergono in una modalità che migliora molto la vita.

Mentre stavo sulle ginocchia di Serena a fare le fusa sempre più forte, ricordai le parole di Kahlil Gibran. *Il grande poeta ha mai avuto un compagno felino?* mi chiesi. *E in tal caso, che cosa avrebbe scritto della ragione più importante per cui i gatti fanno le fusa?* Forse qualcosa di simile:

È per guarire il corpo, placare la mente e dare gioia al cuore, perché è il grembo del tuo amato su cui siedi.

6

Fui svegliata dal mio riposino pomeridiano da una voce familiare e dal suo consueto accompagnamento: il suono di una decina di braccialetti che sbattevano gli uni contro gli altri. La signora Trinci era venuta al caffè con una notizia esaltante: «Ha finito il ritiro!».

Lei e Serena erano a poca distanza da me, accanto al portariviste.

«Dopo dieci anni?» L'espressione di Serena era un misto di sbigottimento e di gioia.

«Dodici» la corresse sua madre.

«L'ultima volta che l'ho visto è stato» Serena guardò in alto cercando di ricordare «prima che andassi in Europa.»

«Sì» convenne la signora Trinci.

«Chi te lo ha detto?» chiese Serena.

«Dorothy Cartwright. Ho fatto un salto da lei stamattina. È tutta presa con i preparativi.»

«Allora starà con…»

«Sì, con i Cartwright!» Alla signora Trinci brillavano gli occhi.

«E quando…?»

«Oggi!» La madre di Serena aveva le guance rosse. «In questo momento è in viaggio da Manali.»

La persona causa di tanta eccitazione, come avrei scoperto in seguito, era Yogi Tarchin. *Yogi* non era un titolo ufficiale, bensì una qualifica informale che aveva acquisito negli anni, man mano che la sua bravura di maestro della meditazione si era andata affermando e aveva goduto di sempre maggiore stima. La sua propensione per la vita meditativa era emersa con chiarezza quando ancora era un bambino di cinque o sei anni nella provincia tibetana di Amdo. Invece di correre nei campi con i compagni della sua età o di divertirsi con i giocattoli di legno che il padre gli fabbricava, si ritirava in una piccola grotta nel fianco della montagna, dietro casa, e si sedeva su una roccia cantando mantra.

Aveva intrapreso il primo ritiro lungo attorno ai vent'anni, isolandosi dal mondo per il tradizionale periodo di tre anni, tre mesi e tre giorni. Da allora ne aveva effettuati molti altri. Aveva anche subìto una grave tragedia personale: neanche trentenne aveva perso la moglie e i due figli piccoli quando il bus su cui viaggiavano era precipitato da un monte e tutte le persone a bordo erano morte.

I ritiri di Yogi Tarchin erano sostenuti dalla famiglia Cartwright di McLeod Ganj, la cui figlia Helen era amica di Serena. Quando lo aveva conosciuto davanti al carrello da tè, a dieci anni, Serena era stata subito attratta da quell'uomo esile di una modestia quasi imbarazzante. Nonostante a quel tempo il suo inglese fosse piuttosto scarso, lei ne rimase colpita. Non era solo il calore dei suoi occhi castani, ma la sensazione che trasmetteva, difficile da descrivere con parole, quasi di atemporalità. Accanto a lui si aveva l'impressione che la propria percezione del mondo fosse illusoria, come le nubi che passano in cielo; che dietro l'apparenza ci fosse una realtà tanto vasta e fulgida da togliere il fiato. E Yogi Tarchin offriva un ponte per raggiungerla.

Dato che i Cartwright e i Trinci erano buoni amici, lo yogi era stato ospite di questi ultimi. Quando tornava dai lunghi periodi in Ladakh, in Bhutan o in Mongolia, trovava sempre il tempo di andare a salutarli, nonostante la sua reputazione di maestro della meditazione si affermasse sempre più e interminabili file di persone si formassero davanti alla sua porta, monaci e praticanti comuni di tutto il mondo venuti in cerca di insegnamenti o benedizioni.

Sul suo conto circolavano storie leggendarie. Si narrava di una volta in cui era apparso in sogno a un allievo e aveva tanto insistito perché questi andasse subito a trovare la madre anziana che il mattino dopo il monaco aveva intrapreso il viaggio di due giorni per tornare a casa, nell'Assam. Al suo arrivo non trovò niente di insolito: la madre stava bene e proseguiva serena la sua vita. Il secondo giorno tuttavia una violenta tempesta imperversò nell'intera regione causando inondazioni improvvise, che a loro volta provocarono frane imponenti. La casa della madre, che da mezzo secolo sorgeva al sicuro sul fianco di una collina, d'un tratto si mosse e prese a scivolare pericolosamente, destinata a schiantarsi. Se il monaco non fosse stato là a proteggerla, la donna sarebbe quasi sicuramente rimasta uccisa.

Un'altra storia riguardava un allievo che aveva effettuato un ritiro solitario di tre mesi in una grotta in Ladakh. Quando tornò al monastero, gli chiesero chi gli avesse fornito da mangiare. Era stato Yogi Tarchin, rispose il monaco, quando veniva per dargli le consuete istruzioni. Il che sembrò normale finché gli altri monaci non gli dissero che in quei tre mesi Tarchin non aveva perso una sola seduta di meditazione con loro, nel *gompa* a ottanta chilometri di distanza. Senza strade né mezzi di trasporto, l'unico modo in cui Yogi Tarchin avrebbe potuto coprire la distanza era mediante il *lung-gom-pa,* abilità grazie a cui i praticanti molto esperti riescono a compiere lunghi tragitti senza sforzo a velocità sovrumane.

Poi c'era il filantropo americano che aveva raccolto donazioni per una scuola in Tibet che Yogi Tarchin stava aiutando a ristrutturare. Il benefattore voleva fare la donazione di persona quando, quattro mesi dopo, fosse arrivato in India; Tarchin gli disse di cambiare la somma in dollari australiani. Sorpreso dall'indicazione ma sapendo che non era il caso di mettere in dubbio la sua parola, il benefattore la seguì alla lettera. Nei tre mesi seguenti la moneta australiana si rivalutò del quindici per cento; a quel punto lo yogi gli inviò un messaggio dicendo che ora il denaro poteva essere cambiato in rupie indiane. La dimestichezza che aveva con il cambio delle valute, ma anche con le lingue, il commercio e qualsiasi altra attività terrena a cui sceglieva di dedicarsi era ben nota. Non aveva trascorso molto tempo a contatto con la realtà di tutti i giorni, ma la conosceva alla perfezione.

Essendo un laico, a volte definito *capofamiglia* nel buddismo tibetano, Yogi Tarchin doveva mantenersi e in passato, tra un ritiro e l'altro, aveva svolto ogni tanto lavori d'ufficio. Il suo obiettivo principale restava tuttavia la meditazione e in tempi più recenti aveva effettuato quattro ritiri di tre anni di fila, durante i quali i Cartwright avevano provveduto alle sue scarse esigenze. Nessuno lo vedeva più da oltre dodici anni. Se prima di quel periodo era già capace di compiere imprese sorprendenti, che cosa avrebbe potuto fare ora che lo aveva terminato?

Serena non era l'unica a chiederselo, come scoprii tornando a Jokhang. Nell'ufficio degli assistenti esecutivi anche Tenzin e Lobsang stavano parlando di Yogi Tarchin. Non sapevano quanto intendesse fermarsi a McLeod Ganj, ma gli avrebbero mandato una lettera chiedendogli di restare almeno fino al ritorno del Dalai Lama. Sua Santità avrebbe sicuramente voluto rivederlo.

Il giorno dopo al tempio me ne stavo seduta al sole mentre i monaci arrivavano per la meditazione di tarda mattina. Avevo sentito più volte menzionare il nome di Yogi Tarchin e i suoi incredibili poteri. Fu allora che decisi di incontrarlo di persona. Voci e notizie di seconda mano andavano bene, ma non c'è nulla come l'esperienza diretta di sedersi sulle ginocchia di una persona per percepire com'è fatta davvero. Serena si era assicurata un pubblico grazie alla presenza di quella figura mistica. Da bambina era stata legata sia a Yogi Tarchin sia al buddismo, ma il periodo in Europa l'aveva riempita di dubbi, che si erano trasformati in ostacoli alla pratica religiosa. Per non parlare del fatto che c'erano questioni più personali sulle quali desiderava avere consigli.

Così due giorni dopo mi ritrovai a casa dei Cartwright. Non lontana dal monastero di Namgyal, era una vecchia villa di forma irregolare con i soffitti di stagno e i pavimenti di legno lucido ricoperti da tappeti indiani dai disegni intricati. Dorothy Cartwright e io ci eravamo incontrate molte volte quando veniva all'Himalaya Book Café e forse restò sorpresa di vedermi in compagnia di Serena. Non fosse stato per lei, mi avrebbe chiuso la porta in faccia o addirittura avrebbe impedito l'accesso a Sua Santità stessa.

Serena si tolse le scarpe e bussò piano a una porta di legno. Notai che le mani le tremavano leggermente.

Chiamata da Yogi Tarchin, girò la maniglia d'ottone ed entrò in una stanza che sembrava appartenere a un'altra epoca. Ampia e spaziosa, era illuminata solo da tre finestre strette che rilucevano come barre d'oro gettando una luce eterea sulla *dormeuse* dove Yogi Tarchin sedeva con le gambe incrociate. Indossava una camicia cremisi sbiadita. Il colletto alla coreana, alto e di una tinta tenue, attirava l'attenzione sul volto placido e senza età. Quando i suoi occhi castani incrociarono quelli di Serena, si illuminò a tal punto che l'aria nella stanza sembrò vibrare di gioia.

Inginocchiandosi sul tappeto davanti a lui, Serena portò le mani al cuore e fece un profondo inchino. Yogi Tarchin si allungò, le prese le mani tra le sue e accostò la fronte a quella di lei. Rimasero così a lungo mentre a Serena tremavano le spalle e scendevano le lacrime sulle guance.

Alla fine si raddrizzò e incontrò il suo sguardo di pura compassione. Non servivano parole mentre stavano seduti insieme. La conversazione era superflua mentre si abbracciavano di nuovo a un livello più profondo.

Poi Yogi Tarchin parlò. «Mia cara Serena, hai portato qualcuno con te.»

Lei si girò guardando nella direzione in cui sedevo, poco al di là della soglia.

«Penso che volesse conoscerti.»

Lo yogi assentì.

«È molto speciale» gli disse lei.

«Lo vedo.»

«È la gatta di Sua Santità» spiegò. «Ma passa molto tempo con noi quando lui è in viaggio.» Tacque. «Lasci che...?»

«Di solito no» rispose. «Ma vedendo che è la tua sorellina...»

Sorellina? Si diceva che Yogi Tarchin fosse, come altri maestri realizzati, un chiaroveggente. O parlava in senso metaforico? Ad ogni modo, non ebbi bisogno di ulteriori inviti. Lanciandomi verso di lui saltai sul divano e gli annusai la camicia. Odorava di cedro e forse di un vago sentore di cuoio, come se fosse rimasta appesa in un armadio molto a lungo.

Il solo fatto d'essere fisicamente vicina a Yogi Tarchin era un'esperienza straordinaria. Come Sua Santità, sembrava emanare un'energia particolare. Oltre a un senso di pace immenso trasmetteva anche l'idea di essere senza tempo, quasi che quello stato di saggezza elevata fosse sempre esistito così come esisteva ora e come sarebbe esistito in futuro.

Mentre le chiedeva di sua madre, ebbi la conferma che quelle erano ginocchia su cui desideravo sedermi. Mi sistemai sulla coperta stesa sulle sue gambe e lui mi accarezzò con delicatezza. La sensazione della sua mano sulla mia pelliccia mi procurò un brivido di appagamento in tutto il corpo.

«Dodici anni sono un tempo così lungo» stava dicendo Serena. «Quattro ritiri di fila. Posso chiederti perché hai deciso di continuare?»

Un cuculo cantò nell'aria del tardo pomeriggio.

«Perché potevo» rispose semplicemente Yogi Tarchin. Vedendo la sua espressione perplessa, aggiunse: «Era un'occasione incredibilmente preziosa. Chi lo sa quando mi imbatterò di nuovo in circostanze simili?».

Serena annuì. Stava valutando le implicazioni di dodici anni senza contatti umani, senza TV, radio, giornali e internet. Dodici anni senza andare a cena fuori o divertirsi, senza compleanni, Natale, Giorno del Ringraziamento o altre feste. La maggior parte delle persone considererebbero una simile privazione sensoriale una forma di tortura. Invece Yogi Tarchin vi si era sottoposto volontariamente e l'effetto straordinario che aveva avuto su di lui era tangibile.

Eppure c'era un altro pensiero, contrastante e più negativo, che la turbava. «Immagino che per un esperto della meditazione» si inchinò davanti a lui «un addestramento simile sia molto utile. Ma per una come me...» Era come se non riuscisse a esprimere le sue riserve.

Sorridendo Yogi Tarchin si allungò e le toccò la mano. «Quale dei due è meglio?» chiese. «Un dottore o una persona che conosce le tecniche di primo soccorso?»

Lei sembrò sorpresa dalla domanda.

«Un dottore» rispose immediatamente e poi esitò. «Ma se qualcuno avesse bisogno di cure lievi...»

«Sono entrambi utili» confermò lui.

Serena annuì.

«Imparare le tecniche di primo soccorso richiede... Quanto? Alcuni giorni? Ma diventare medico?»

«Sette anni. Anche di più se ti specializzi» affermò Serena.

«Non è una perdita di tempo? Sette anni quando si potrebbero aiutare gli altri nel giro di pochi giorni?»

Ci fu un attimo di silenzio mentre lei coglieva il vero significato di ciò che stava dicendo.

«Perché tutti quelli che meditano» disse lui indicando con un gesto la regione himalayana e anche oltre «non lavorano per beneficenza? Così pensano certe persone. Molto meglio che aiutino a distribuire il cibo e a costruire ripari per i senzatetto anziché starsene seduti sulle loro natiche tutto il giorno.»

Serena sogghignò ricordando i suoi modi diretti.

«È molto positivo aiutare gli esseri umani e gli animali con attività di beneficenza. È utile come il primo soccorso. Ma una soluzione permanente alla sofferenza richiede qualcosa di diverso: la trasformazione della mente. Per aiutare gli altri a farlo dobbiamo prima rimuovere quello che ottenebra la nostra mente. A quel punto, come i dottori, saremo molto più capaci di aiutare.»

«C'è chi direbbe che sono solo chiacchiere» osservò Serena. Sembrava contenta di poter discutere francamente delle sue perplessità. «Che la coscienza è solo il cervello al lavoro, perciò l'idea della trasformazione nel corso di più vite...»

Yogi Tarchin annuì con gli occhi che gli brillavano. «Sì, sì. La superstizione del materialismo. Ma come può qualcosa dare origine a una qualità che non possiede?»

Serena si corrucciò. «Non ti seguo.»

«Una pietra può fare musica? Un computer può sentire tristezza?»

«No» ammise lei.

Lo yogi annuì. «Carne e sangue possono creare la coscienza?»

Serena rifletté per un po'. «Se il cervello non crea la coscienza» disse «perché, se viene danneggiato, anche la mente risulta colpita?»

Yogi Tarchin fece un ampio sorriso e si dondolò sul cuscino per un attimo. «Ottimo! Ottimo che tu faccia domande! Dimmi: se il tuo televisore è danneggiato e non vedi niente tranne uno schermo nero, significa che non c'è più la televisione?»

Il sorriso di Serena si allargò, ma lui non attese che rispondesse. «Ovviamente no! Ovviamente, se il tuo cervello è danneggiato, è colpita l'esperienza della coscienza. Questa può non essere sperimentata affatto. Ma il cervello è solo un ricevitore, un televisore. È... rischioso confonderli.

«Se qualcuno mai ti dicesse: "Ah, la mente non è che il cervello", tu chiedigli: "Dimmi allora dove sono conservati i ricordi". Dovrà ammettere: "Non lo sappiamo". Nonostante i molti anni di ricerca e le grandi somme impiegate, gli scienziati non hanno mai scoperto in quale parte del cervello vengano conservati i ricordi. Né lo scopriranno mai, perché non vengono immagazzinati fisicamente! Gli scienziati hanno condotto esperimenti sugli animali distruggendo loro parti del cervello in cui pensavano avesse sede la memoria. Eppure gli animali riuscivano ugualmente a ricordare. Neuroscienziati, psicologi, filosofi: hanno tutti le loro idee sulla mente. Ma un'idea è soltanto un'idea, un concetto. Non è la cosa in sé. Se vogliamo sapere che cosa sia davvero la mente, dobbiamo sperimentarla di prima mano. In modo diretto.»

«Meditando?»

«Ma certo. Alcuni hanno paura di farlo. Temono che, sperimentando una mente libera dal pensiero, cessino in un modo o nell'altro di esistere. Di dissolversi in una nube di fumo!» Sorrise. «Ma i pensieri sono soltanto pensieri. Nascono, permangono per un po' e passano. Quando riusciamo a dimorare nella consapevolezza pura, liberi dal pensiero che se n'è appena andato e da quello che nascerà, riusciamo a vedere la nostra mente. Ne sperimentiamo le qualità. Il fatto che sia difficile descrivere queste qualità non significa che la mente non le possieda.»

Serena sembrò perplessa. «Cosa intendi?»

«Sei davvero in grado di descrivere le qualità del cioccolato? Puoi dire che è dolce, che si scioglie in bocca e che esiste in vari gusti, ma queste sono solo idee, sono concetti che indicano qualcosa che in natura non è concettuale. Analogamente possiamo descrivere la mente come infinita, splendente, serena, onnisciente, amorevole e compassionevole. Ma ancora una volta» scrollò le spalle «queste sono semplici parole. Invenzioni verbali.»

«Suppongo che gran parte di noi concepisca il corpo e la mente solo in questo modo» commentò Serena indicando il proprio corpo.

Yogi Tarchin assentì. «Sì. È un tragico equivoco nutrire convinzioni così autolimitanti, pensare di non essere altro che un mucchio d'ossa anziché una coscienza infinita, credere che la morte sia una fine, non un passaggio. Peggio di tutto è il non rendersi conto che ogni atto fisico, verbale o mentale influenza la nostra esperienza futura della realtà, persino al di là di questo tempo e di questa vita. Convinzioni simili inducono a sprecare le occasioni nella nostra preziosa vita. La nostra mente è molto più grande di così!»

«Onnisciente?» fece Serena.

«Abbiamo questa potenzialità.»

«Chiaroveggente?»

Scrollò le spalle. «A volte si sollevano grandi polveroni a questo riguardo. Ma in una mente libera la chiaroveggenza avviene in modo naturale.»

«E i sogni?»

«In una mente agitata, non addestrata, un sogno è solo un sogno... *a meno che* non si abbia la fortuna di avere un maestro che riesca ad andare oltre questa agitazione.»

Per un attimo smise di accarezzarmi. Girai la testa e lo guardai finché non riprese.

«Se sei addestrato, il sonno offre un'opportunità straordinaria. Il fatto di sapere che sogni quando stai sognando ti permette di controllare il sogno. Possiamo proiettare la coscienza in diversi ambiti dell'esperienza.»

Yogi Tarchin rifletté sul tema che accomunava indirettamente gli interrogativi di Serena prima di chiederle: «Perché queste domande sulla chiaroveggenza e sugli stati di sogno?».

Lei si fissò le mani, giunte in grembo.

«Forse c'è qualcos'altro?» aggiunse lui.

La vidi arrossire mentre gli lanciava un'occhiata. «Credo di sì...»

Yogi Tarchin restò in silenzio, perfettamente immobile. L'unico movimento nella stanza era quello di un filo di fumo argenteo che saliva lento arricciandosi da un bastoncino d'incenso acceso sulla finestra.

«Sono tornata dall'Europa solo un paio di mesi fa» iniziò a raccontare Serena.

«Sì, sì» fece lui come se fosse più che al corrente, esortandola a continuare.

«Avevo in progetto di tornare a casa solo per un breve periodo. Ma stando qui ho cominciato a interrogarmi sulle ragioni di voler ripartire per l'Europa. Penso che sarebbe meglio, e che potrei essere molto più felice, se rimanessi qui.» Incrociò il suo sguardo.

«Molto bene» osservò lo yogi, che pareva confermare la decisione.

«Ma non ne sono sicura. Vedi, sono single. Non so se Dharamsala è il posto adatto. Qui non conosci le persone giuste…»

«Capisco» disse lui con dolcezza quando Serena s'interruppe. Sul volto gli apparve per un istante un'espressione maliziosa. «Vuoi che faccia l'indovino?»

Lei sorrise mesta. Giungendo le mani all'altezza del cuore disse: «Ne hai le qualità…».

«Prostrarsi così» mosse su e giù un dito «non è necessario. Quello che si presenta per te dipende dalle tue azioni, dal karma e dalle condizioni che crei.»

«Oh.» Serena restò delusa. «Credevo che potessi vedere la vita degli altri.»

Yogi Tarchin rispose alla sua delusione. «Non hai motivo di preoccuparti» disse.

Lei lo guardò implorante. «Vedi bambini nel mio

futuro? Sto iniziando a pensare a uno stile di vita molto diverso…»

Le sue parole rimasero sospese nell'aria calda del pomeriggio, prima che Yogi Tarchin rispondesse semplicemente: «Hai creato le cause di una felicità molto più grande».

Senza proferire parola le trasmise la sensazione profonda che sarebbe andato tutto bene.

Serena raddrizzò il busto rilassando le spalle.

Per un po' parlarono di come andavano le cose all'Himalaya Book Café e del progetto di Yogi Tarchin di restare a McLeod Ganj per diversi mesi e di dare insegnamenti. Poi la conversazione giunse al termine. Mentre Serena lo ringraziava per il tempo che avevano trascorso insieme, lui le prese le mani e la ringraziò a sua volta per aver ripreso il contatto.

Quando Serena si alzò, saltai giù dalle ginocchia dello yogi e la seguii attraversando il tappeto. Adesso la luce nella stanza era ancora più soffusa – le tre finestre dorate erano diventate argentee –, ma il locale era pieno di energia. Serena se ne andò con la sensazione che, a un livello profondo, tutto andasse bene e che sarebbe sempre stato così.

Yogi Tarchin la seguì alla porta e ci guardò mentre percorrevamo il corridoio: la sottoscritta silenziosa, al seguito, con la coda grigia folta ben dritta. Serena stava per svoltare l'angolo in fondo quando lui le disse: «Forse lo hai già incontrato».

Lei si bloccò girandosi. «Vuoi dire qui a Dharamsala?»

Lui annuì. «Penso.»

Più tardi, davanti alla cioccolata calda di fine giornata, Serena disse a Sam: «Vorrei tanto che tutti potessero conoscere Yogi Tarchin. O qualcuno come lui».

Bronnie aveva lezione, perciò eravamo solo noi tre e i cani.

Serena stava raccontando della visita a Yogi Tarchin e della loro conversazione. Non la parte riguardante le sue aspettative romantiche, naturalmente, ma quello che le aveva detto sulla mente.

«Non sono solo le spiegazioni, le parole» affermò. «È la sensazione che hai in sua presenza. Questa vibrazione. In realtà non so descriverlo, ma quando sei con lui ti senti qualitativamente diverso.»

Sam stava annuendo.

«È la prova vivente di ciò che accade quando ci rendiamo conto delle potenzialità della nostra mente» proseguì Serena con gli occhi che brillavano. «*Tutto* è possibile. Va addirittura oltre fenomeni come la chiaroveggenza e la telepatia, che secondo Yogi Tarchin si verificano naturalmente in una mente libera.»

«Persino le menti comuni sono più capaci di compiere cose del genere rispetto a quello che si crede di solito» osservò Sam.

Lei inarcò le sopracciglia.

«La maggior parte delle persone ha prima o poi episodi di telepatia o premonizioni, ma li considera eventi fortuiti» aggiunse lui. «Coincidenze. Gli scienziati in genere non si curano nemmeno di analizzare la percezione extrasensoriale dato che la ritengono una fandonia. Ironicamente è un atteggiamento molto poco scientifico, perché condannano il fenomeno senza neanche cercarne le prove.» Sogghignò. «È interessante che nelle varie epoche, quando un individuo dimostra di possedere poteri mistici, venga sempre riverito o insultato. Una reazione molto più ragionevole sarebbe chiedersi: come posso sviluppare anch'io quei poteri?»

«Esatto.»

«Siamo predisposti per averli.» Fece quell'affermazione con tale sicurezza che Serena lo fissò perplessa. Posando la tazza, Sam si alzò e andò a uno scaffale, prese un libro e tornò con esso.

«Ci sono migliaia di studi qui, trial clinici veri e propri condotti da scienziati *preparati* per studiare obiettivamente i problemi. Provano che il cosiddetto paranormale è in realtà *normale*. Un esperimento che amo, replicato più volte, prevede che alcuni soggetti siano collegati a una macchina della verità mentre guardano al computer una serie di immagini emotivamente rasserenanti, come un paesaggio, o sconvolgenti, come un corpo sezionato durante un'autopsia. Il computer le seleziona a caso perciò nessuno, nemmeno i ricercatori, sanno se l'immagine successiva sarà rasserenante o sconvolgente. Cosa pensi che succeda?»

«L'ago impazzisce ogni volta che vedono un'immagine sconvolgente?»

Sam scosse la testa. «Tre secondi *prima* che vedano un'immagine sconvolgente. Prima ancora che il computer faccia la scelta. È premonizione. E stiamo parlando di persone comuni.»

Serena si appoggiò allo schienale sorridendo. Dato che avevo finito il mio latte, interpretai la disponibilità delle sue ginocchia con un invito.

«La mente non è solo un computer fatto di carne» affermò Sam.

«E noi non siamo solo esseri umani capaci di esperienze spirituali» aggiunse lei «ma anche esseri spirituali capaci di esperienze umane.»

Facendo la pasta sulle sue gambe, allungai gli artigli attraverso i suoi abiti solo per un istante.

Sussultò prima di aggiungere: «O di esperienze feline».

«Naturalmente» fece impassibile Sam.

Quella sera, mentre mi acciambellavo sul letto che di solito dividevo con il Dalai Lama, riflettei sulle straordinarie conoscenze sulla mente svelate da Yogi Tarchin. E mi resi conto che la vera felicità è possibile solo con una visione ampia della mente. Un'ottica limitata, circoscritta al "mucchio d'ossa", come aveva detto lo yogi, poteva portare solo a una felicità limitata: piaceri sensoriali transitori, soddisfazioni temporanee, esperienze che brillano per pochi gloriosi istanti prima di scomparire. Ma la sensazione di profondo benessere posseduta da persone come Yogi Tarchin e Sua Santità è così intensa che riesci davvero a percepirla. E non ha niente a che fare con i piaceri temporanei: Yogi Tarchin non ne aveva mai goduto in quei dodici anni! No, quella sensazione era immensa, duratura, profonda, una felicità di tutt'altro genere.

C'è un clima di pericolo imminente quando Sua Santità entra nella stanza. È giovane, sui venticinque anni. Ad accompagnarlo c'è una signora tibetana più vecchia con un volto buono e coraggioso. Porta uno scialle di broccato attorno al collo, tenuto da un fermaglio di turchese. Ha un portamento regale.

   Al seguito dei due ci sono numerosi monaci assistenti che si muovono svelti nella stanza. Raccolgono le carte, mettono gli oggetti personali nelle scatole, arrotolano i tappeti dai disegni complessi. Ne riconosco uno, è Geshe Wangpo molto giovane. Hanno grande fretta.

Stesa sul davanzale, guardo dalla finestra del Palazzo del Potala, al di là di Lhasa, dove le montagne si stagliano sull'altro lato della valle. Quando il Dalai Lama entra nella stanza, sollevo la testa per guardare.

Sentendo un vago prurito, alzo di riflesso la zampa posteriore e mi gratto più volte. Abbassando lo sguardo noto che è corta e ricoperta di pelo ispido, grezzo. Anche la mia coda è corta con un pennacchio lanoso. Invece di avere artigli retrattili le mie unghie sono larghe e smussate.

Sua Santità si avvicina e mi prende in braccio. «Questo è il giorno che temevamo tutti» mi sussurra piano all'orecchio. «L'Armata Rossa sta invadendo il Tibet. La decisione è presa e devo lasciare Lhasa il prima possibile. La mia avanguardia non può portarti con sé attraverso i monti. Non sarebbe giusto per nessuno. Ma Khandro-la si prenderà cura di te qui in Tibet come meglio potrà. Baderà a te come se fossi me.»

Adesso so perché la signora con il fermaglio di turchese è venuta. C'è intenso dolore per un istante. Proviene da me o dal Dalai Lama?

Girandoci dall'altra parte, in modo da essere solo noi due a guardare dalla finestra, lungo la valle, Sua Santità bisbiglia: «Non so quanto dovrò stare via. Ma

ti prometto che ti ritroverò, piccolo mio». Fa una pausa
prima di continuare. «Anche se non sarà in questa vita,
avverrà sicuramente in una futura.»

Mentre tutto questo accade, so che il mio sogno è un
sogno.

Solo che non lo è. Mi viene anche concesso di dare
brevemente, liberamente, un'occhiata al mio passato.

Di cane…

7

Io?!?!

Non fingerò, caro lettore, di non essere rimasta sbalordita dal sogno. Tuttavia, dopo aver incontrato Yogi Tarchin, non avevo dubbi circa la verità di quanto avevo visto. Per pochi straordinari momenti ero stata in grado di percepire un'esperienza passata della coscienza.

Subito dopo era svanita.

Svegliandomi, il mattino dopo, mi ricordai che Yogi Tarchin aveva parlato della «fortuna di avere un maestro che riesca ad andare oltre questa agitazione» e capii che, ovunque si trovasse il Dalai Lama nel mondo, il sogno era stato un dono. Una conferma del legame che mi univa a lui e che, mi stupii di scoprire, affondava le radici in una vita precedente.

Forse non avrei dovuto meravigliarmi tanto. Dopotutto non è un insegnamento tipico del buddismo il fatto che la legge di causa ed effetto, o karma, abbracci molte vite? Il motivo per cui cose buone accadono a esseri cattivi e cose cattive a esseri buoni non ha necessariamente origine da cause create in questa vita. Come avevo appena sperimentato, solo un velo sottilissimo ci impedisce di rivedere con totale chiarezza i momenti precedenti della coscienza. E cos'era il trascorrere di alcuni decenni nel contesto di un tempo senza inizio se non un salto momentaneo da un posto a un altro? Ciò nonostante quel sogno aprì la porta a possibilità che non avevo mai considerato, come per esempio chi fossi stata nelle esistenze passate.

E *cosa*!

Un Lhasa Apso nel 1959, a quanto sembra, quando il Dalai Lama fu costretto ad andare in esilio.

L'idea di essere stata un cane era profondamente sconcertante. Di certo ridimensionava il dispiacere per il fatto che la mia impeccabile discendenza himalayana non fosse documentata. Discendenza, pedigree e quant'altro perdevano d'importanza rispetto alla questione molto più rilevante di dove fosse stata la mia coscienza, di cosa avesse sperimentato, di cosa avesse fatto, degli effetti che vivevo qui, ora. Per quanto, come altri felini, consideri la nostra specie nel complesso superiore a quella canina, una cosa è innegabile, cioè che i cani hanno una coscienza. Come i gatti e gli esseri umani, anche loro rientrano nella categoria *sem chens*, ovvero *possessori di una mente* in tibetano.

Curiosamente, proprio come numerosi eventi in apparenza non correlati possono talvolta verificarsi più o meno nello stesso momento nella tua vita indirizzandoti verso una verità unica e inconfutabile, alcuni giorni dopo il sogno origliai un discorso molto interessante all'Himalaya Book Café. Chi lo stava tenendo non era un oratore del gruppo di lettura di Sam, anche se era altrettanto noto. Biologo in una delle principali università britanniche, era un ricercatore i cui studi sulla memoria e sulla coscienza erano stati raccolti in volumi diventati bestseller in tutto il mondo. In visita a McLeod Ganj, era passato per caso davanti al locale. Erano le dieci del mattino e aveva deciso di essere in vena di un caffè. Entrando non poté evitare il grande manifesto che lo ritraeva sopra una pila ancora più grande di copie del suo ultimo libro. Vestito esattamente come nella foto – giacca di tweed, camicia verde bosco e pantaloni di velluto –, si fermò a osservarlo e si rese conto che dietro il banco Sam stava guardando ora il poster ora lui.

Appena i loro sguardi si incrociarono, scoppiarono entrambi a ridere.

Sam scese i gradini con la mano tesa. «È un grande onore averla nel negozio» esclamò. «Se lo avessi saputo…»

«Passavo di qui per caso» disse il biologo con il

suo accento inglese troncato. «Non conoscevo questo posto.»

«Sono sicuro che se lo sentirà dire sempre, ma sono un *grande* ammiratore delle sue opere!» gli confessò Sam. «La seguo da anni. Abbiamo tutti i suoi libri.» Indicò gli scaffali dietro di sé. «Le dispiacerebbe firmarne alcuni?»

«Con piacere» rispose il visitatore.

Sam lo condusse al banco prendendone un po' e porgendogli una penna. «Se avessi saputo che veniva a Dharamsala, l'avrei invitata a parlare al nostro gruppo di lettura.»

«È solo una visita lampo» affermò lo scienziato.

Sam incalzò. «Molti sarebbero incantati di conoscerla.» Mentre l'autore si dava da fare con la pila di libri, gli venne un'idea. «Immagino che oggi all'ora di pranzo non sia libero, vero? Potrei invitare alcune persone.»

«Ho un incontro alle undici che presumo non durerà più di un'ora» disse il biologo. «Dopo sono libero per un po'.»

Quando lo scienziato tornò c'erano dieci persone sedute a un tavolo vicino alla libreria in attesa di pranzare con lui. Insieme a Serena e Bronnie c'erano Ludo con alcuni suoi allievi di yoga, Lobsang da Jokhang e un paio di altri che avevo visto al gruppo di lettura. Come al solito l'atmosfera al caffè era vivace e allegra; quando l'ospite arrivò, fu accolto come un amico molto ammirato. Ordinarono da mangiare, si versarono da bere e mentre aspettavano i piatti Sam si voltò verso di lui e gli chiese: «Può dirci a cosa sta lavorando in questo momento?».

«Certo» rispose. «Un ambito di ricerca di cui mi occupo da anni è la natura senziente degli animali: che cosa sia la coscienza degli esseri non umani e in che modo sia diversa dalla nostra.»

«Come per esempio la capacità dei cani di udire toni che noi non sentiamo?» chiese un membro del gruppo di lettura.

«Le differenze di percezione sono un aspetto» affermò l'ospite. «Ed è interessante vedere come gli animali siano sempre più usati per le loro capacità percettive. Conosciamo tutti cani guida per ciechi, ma ora assistiamo ad applicazioni molto più vaste: per esempio i cani al servizio dei diabetici, che avvertono le persone in ipoglicemia fiutando i cambiamenti nell'odore dell'alito.

«Inoltre» continuò «ci sono i notevoli miglioramenti osservati nei pazienti con paralisi cerebrale, autismo e sindrome di Down dopo un contatto diretto con i delfini. Che cos'hanno queste creature in particolare da essere in grado di provocare cambiamenti così rilevanti? Si è stabilito che la coscienza percettiva dei delfini è per certi versi molto superiore a quella umana. Senza contare che i cetacei sono gli unici mammiferi oltre all'uomo a possedere la capacità di apprendere vocalmente. Conoscendo meglio le facoltà percettive e comunicative dei delfini potremmo sviluppare modalità terapeutiche diverse per i pazienti colpiti da paralisi cerebrale?»

Sukie dello studio yoga non poté trattenersi: «Ho sentito la storia di una donna che ha fatto l'esperienza di nuotare con i delfini. Uno continuava a darle piccoli colpi nell'addome, poi senza preavviso l'ha girata facendola atterrare di schiena sulla superficie dell'acqua. È rimasta senza fiato ma stava bene, anche se l'hanno portata lo stesso al pronto soccorso per precauzione. Quando le hanno fatto un esame, le hanno trovato un tumore allo stomaco nel punto esatto in cui il delfino l'aveva colpita. Fortunatamente trattabile».

Il biologo annuì. «Esistono molte storie simili, e parte del mio lavoro è raccoglierle in un database e fare in modo che vengano studiate attentamente. Come ha suggerito, ci sono numerosi aspetti della natura senziente non umana che vanno al di là della nostra attuale conoscenza ma che potrebbero essere incredibilmente utili.

«La premonizione tra gli animali è ben documentata» sottolineò lo scienziato. «Fin dai tempi più antichi l'uomo ha osservato il comportamento insolito degli animali prima dei terremoti. Animali selvatici e domestici si impauriscono o si agitano, i cani ululano, gli uccelli prendono il volo. Un esempio affascinante è stato riscontrato da un biologo che studiava l'accoppiamento dei rospi del lago di San Ruffino nell'Italia centrale. Scoprì che i maschi di un gruppo erano passati da più di novanta a quasi zero nel giro di poco tempo. Poi ci fu un terremoto di magnitudo 6,4 seguito da varie scosse di assestamento. I rospi non tornarono per altri dieci giorni. Sembra che giorni prima avessero avvertito quello che sarebbe successo.»

«I movimenti della terra. Forse i rospi hanno zampe particolarmente sensibili?» suggerì uno.

«Se fosse così, anche i sismologi rivelerebbero la stessa cosa» rispose lo scienziato. «Probabilmente c'era stata qualche lieve variazione del campo elettrico e loro l'hanno captata. Ma, sapete, non sono solo i rospi ad avere questa capacità. Il grande tsunami che investì l'Asia nel dicembre del 2004 fu avvertito in anticipo da molte specie. Nello Sri Lanka e a Sumatra hanno segnalato elefanti che si sono portati a quote più alte molto prima che l'onda si abbattesse, e i bufali hanno fatto qualcosa di simile. I proprietari di alcuni cani hanno notato che questi non volevano avvicinarsi alla spiaggia per la consueta passeggiata mattutina.»

«Si potrebbe creare un sistema di allerta tsunami usando gli animali» propose Ludo.

«L'ho suggerito io stesso» confermò il biologo.

«E se la capacità di prevedere i terremoti non si basasse sulla sismologia o sui campi elettrici?» domandò Bronnie. «Se fosse una specie di coscienza che hanno gli animali?»

«Intendi un meccanismo di sopravvivenza?» intervenne Ludo.

Il biologo si rivolse a entrambi. «Potreste avere ragione» disse. «Esistono prove che gli animali hanno la capacità di percepire cose in modi che qualcuno definirebbe paranormali. Come il fenomeno dei cani che sanno quando il proprietario torna a casa.»

«Ha scritto un libro su questo» osservò Sam.

«Esatto. Non c'è dubbio che certi animali sappiano intuitivamente determinate cose, come quando il loro padrone esce dal lavoro per tornare a casa. Ci sono filmati di telecamere a circuito chiuso che mostrano cani che si alzano e si mettono a sedere davanti all'ingresso o a una finestra nel momento esatto in cui il loro proprietario esce dall'ufficio, al di là dell'ora. In alcuni casi si sono eccitati per l'arrivo imminente di qualcuno che mancava da casa da giorni o da settimane di fila. C'era un marinaio di un mercantile che non diceva mai alla moglie quando sarebbe tornato, nel caso avesse avuto ritardi, ma lei lo sapeva sempre lo stesso perché glielo segnalava il cane.»

«Ho sempre pensato che i cani fossero speciali da questo punto di vista» dichiarò un membro del gruppo di lettura.

Stesa sullo scaffale, drizzai il pelo. Poi mi ricordai del sogno e non lo abbassai.

«Ci sono, guarda caso, anche gatti che fanno lo stesso» affermò lo scienziato. «C'è una splendida storia di una coppia partita per un viaggio in barca a vela di vari mesi che aveva chiesto ai vicini di dar da mangiare al proprio gatto. Neanche loro sapevano con esattezza quando sarebbero tornati. Una volta a casa, hanno trovato un filone di pane fresco e un litro di latte in frigorifero. I vicini li attendevano perché per la prima volta dalla loro partenza il loro gatto era uscito nel parcheggio davanti al palazzo e aveva passato tutto il giorno là a guardare la strada.»

Sorrisero tutti.

«Si potrebbe sostenere che sapere da dove arrivi il tuo prossimo pasto sia un fattore importante per la sopravvivenza» disse lo scienziato guardando Ludo. «In modo analogo molti dati dimostrano che numerosi animali, soprattutto quelli più a rischio di essere predati, sono in grado di avvertire quando vengono fissati, il che potrebbe essere cruciale per la loro sopravvivenza.»

«Ha scritto un libro anche su questo» annunciò Sam.

Il biologo rise.

«Ci sono ulteriori aspetti della natura senziente degli animali che si spingono anche oltre. Pensiamo al lavoro della dottoressa Irene Pepperberg con un pappagallo cenerino chiamato Alex, descritto in un libro il cui autore non sono io» sorrise a Sam «ma che ha ispirato altri ricercatori. È ben noto che i pappagalli hanno la capacità non solo di imparare le parole, ma anche di usarle in base al senso. Conoscono la differenza tra rosso e verde, quadrato e cerchio, e così via. Capiscono inoltre, e sono in grado di comunicarla, la differenza tra presente e assente.

«Un'altra ricercatrice che aveva un pappagallo cenerino ha notato che sembrava leggerle nel pensiero. Una volta, mentre prendeva il telefono per chiamare il suo amico Rob, il pappagallo ha esclamato: "Ciao, Rob". In un'altra occasione stava guardando la foto di un'auto viola e il pappagallo, che in quel momento era di sopra, ha gridato: "Guarda che bel viola". Ma l'episodio più affascinante di tutti è avvenuto quando la proprietaria ha fatto un sogno in cui usava un riproduttore di cassette. Il pappagallo, che dormiva vicino a lei, ha detto a voce alta: "Devi premere il pulsante" mentre stava per farlo in sogno. L'ha svegliata!»

«Le leggeva la mente?» chiese Bronnie.

«Il pappagallo è stato sottoposto a rigorosi test a questo proposito. Adesso semplifico molto, ma in sostanza hanno registrato le sue reazioni mentre cercava di identificare le immagini che la sua proprietaria guardava in un'altra stanza. Erano foto di una bottiglia, di un fiore, di un libro, persino di un corpo nudo. Tra l'altro, il pappagallo ha azzeccato quella del corpo nudo. Su settantuno ne ha identificate in media ventitré, un numero troppo elevato per poter essere considerato casuale.

«Quello che ci indica tutto ciò» affermò il biologo «è che gli esseri non umani non solo condividono con noi molti aspetti della coscienza, ma possiedono anche varie capacità percettive che in certi casi sono persino più fini delle nostre.»

«Più sofisticate» suggerì qualcuno.

«Questo è un giudizio di valore» osservò sorridendo il biologo. «Ma qualcuno concorderebbe. Non dobbiamo scordarci però che c'è molto che non sappiamo della coscienza umana.»

Durante tutto il tempo in cui il biologo aveva parlato, Lobsang aveva ascoltato con attenzione: una presenza placida con la sua veste rossa addosso. Alla fine chiese: «È la coscienza umana che la porta a McLeod Ganj?».

Lo scienziato annuì. «Il buddismo ha molto da insegnare al mondo circa la natura della mente: cos'è, cosa non è, in che modo le teorie creano divisioni nella nostra conoscenza della coscienza che in realtà non esistono.»

«La mente trascende il mondo del pensiero» affermò Lobsang.

Il biologo incrociò il suo sguardo con un'aria di notevole intesa. «Esatto. E questa semplice ma profonda verità è qualcosa che noi umani troviamo difficile capire.»

Quella sera andai a lezione di yoga con Serena. Nelle ultime due settimane ero diventata una presenza abituale. Invece di starmene seduta sola in un appartamento vuoto, preferivo di gran lunga arrampicarmi sulla panca di legno nell'aula per ascoltare Ludo e guardare i suoi allievi svolgere la sequenza di *asana* che mi era sempre più familiare. Mi interessavano particolarmente i discorsi sulla terrazza che seguivano la lezione, il calore della compagnia di cui godevo, seduta sul tappeto; mentre Serena e gli altri sorseggiavano il tè verde, le montagne davano corso al loro rito serale, con le cime ghiacciate che passavano dal bianco all'oro brunito al rosso ciliegia, e il sole volgeva lentamente al tramonto.

La lezione di quella sera stava procedendo nel solito modo: gli studenti avevano effettuato le sequenze di *asana* in piedi prima di prendere i materassini e iniziare le torsioni da seduti. Con addosso un paio di pantaloni larghi e una maglietta, Ludo girava scalzo per la stanza modificando una posizione qui, dando un suggerimento là, studiando sempre la postura di ogni allievo con occhio scientifico.

Mentre era in piedi con le spalle rivolte all'esterno, intento a seguire la classe in *Marichyasana III*, la posizione del saggio, notai un movimento improvviso. Sul balcone dietro di lui, apparentemente dal nulla, apparve un grosso ratto che si fermò sulla sciarpa di Serena, gettata come al solito sulla balaustra prima dell'inizio della lezione.

Non fingerò che sia stata proprio la posizione del ratto a farmi reagire in quel modo, malgrado sapessi quanto significasse quella sciarpa per lei. Sebbene logora e sbiadita, la sciarpa gialla con i fiori di ibisco ricamati aveva un grande valore affettivo, perché era l'unico dono di suo padre che ancora possedesse.

L'avevo sentita raccontare la storia di quando gliel'aveva data una sera sul loro terrazzo. Serena aveva dodici anni.

Davanti alla sgradevole vista del roditore produssi un verso di cui neppure io pensavo di essere capace. Basso e forte, era un avvertimento tanto terribile che vidi il gelo nello sguardo di Ludo quando mi fissò prima di voltarsi a guardare fuori. Non appena lo fece, il ratto era sparito. Uscì sulla terrazza fermandosi solo per un istante prima di rientrare svelto.

«Per favore, alzatevi tutti con calma, prendete le vostre scarpe e uscite. C'è un incendio qui accanto!»

Guardando l'indiano alto e giovanile in seconda fila chiese: «Sid, sai usare l'estintore che è sul balcone?».

Lui annuì.

«Vado a prenderne un altro in cucina e ti raggiungo da dietro.»

Tutti gli altri si affrettarono a mettersi le scarpe e a uscire. Serena mi afferrò passando. Nel giro di pochi istanti eravamo ammassati dall'altra parte della strada, di fronte alla casa di Ludo, stupefatti da quanto stava accadendo in quella vicina.

Le fiamme guizzavano da una finestra della facciata. Il fumo nero usciva a sbuffi, misto a un odore di olio. Le grondaie bruciavano già. Lo spazio tra di esse e quelle di Ludo era molto ridotto.

Serena mi strinse forte a sé con una mano, mentre con l'altra chiamava i vigili del fuoco di Dharamsala. Numerosi allievi si precipitarono nella casa accanto per vedere cosa potessero fare dall'interno. Altri ancora si dispersero in cerca di manichette e di secchi d'acqua.

Dall'angolo della terrazza Sid bombardò di schiuma le grondaie di Ludo prima di puntare l'estintore contro le fiamme che uscivano dalla finestra della cucina dell'altra casa. Ludo uscì di corsa con un altro estintore proprio mentre una palla di fuoco esplodeva distruggendo il tetto della cucina. Lo puntò verso l'alto spruzzando un getto potente di schiuma che fece indietreggiare completamente le fiamme. Pochi attimi dopo tuttavia queste ripresero vigore a breve distanza.

Sukie e Merrilee riapparvero portando l'estremità di un tubo da giardino da una casa lungo la strada.

«Non avvicinatevi assolutamente alla cucina con quello!» gridò Ludo. «Probabilmente l'incendio è stato scatenato dall'olio. Usatelo per bagnare i muri!» La donna e i tre bambini che vivevano nell'abitazione stavano impotenti su un lato della strada. Con il suo permesso Ludo entrò in casa cercando la fonte dell'incendio. Le finestre brillavano di un arancione cupo a causa del fumo. Dopo due spruzzate di schiuma l'arancione divenne nero.

Fuori sul balcone Sid, tutto sporco di fumo, stava cercando di domare il fuoco sulle grondaie. Le fiamme ardevano pericolosamente vicine al tetto di Ludo, ma appena le soffocava riprendevano vita. Più insisteva, più lo spruzzo dell'estintore si affievoliva. Alla fine cessò del tutto. Le fiamme si levarono di nuovo guadagnando terreno sulle grondaie dei vicini, poi passarono senza difficoltà sulla casa di Ludo.

Grida d'allarme si levarono da tutte le persone radunate all'esterno. A Serena avevano detto che sarebbe arrivata un'autopompa nel giro di venti minuti. Ma nel frattempo la casa di Ludo e lo studio di yoga sarebbero stati completamente inghiottiti dalle fiamme.

Sid scomparve dal balcone e riemerse dalla porta principale. «Ci servono più estintori!» gridò guardando lungo la strada.

«Gli altri stanno chiedendo ai vicini» urlò di rimando Serena. «Due persone stanno andando in macchina dal ferramenta.»

Una poderosa esplosione all'interno dell'abitazione vicina fu seguita da una palla di fuoco che uscì dalla finestra della cucina e risalì il fianco della casa di Ludo. Anche il suo darsi da fare all'interno pareva inutile. Uscì agitando l'estintore.

«È vuoto!» gridò attraversando di corsa la strada.

Per un istante Ludo e Sid rimasero a guardare il

fuoco. Aveva attaccato le grondaie e il tetto dei vicini e si era diffuso alla terrazza di Ludo. Gli allievi che spruzzavano acqua sui muri di entrambe le costruzioni stavano faticando invano. In men che non si dica tutto il tetto sarebbe stato avvolto dalle fiamme, e subito dopo anche quello di Ludo.

Si era formata una folla di curiosi, vicini e passanti sbigottiti, ansiosi e incantati dalla conflagrazione. Sembrò un secolo dopo, ma probabilmente fu soltanto dopo alcuni minuti che una vecchia Mercedes bianca risalì veloce la strada nella nostra direzione. Inchiodò bruscamente davanti alla casa in fiamme. Prima che si fermasse, alcuni uomini con una livrea candida immacolata e un cappello marrone balzarono giù da dietro. Tenevano in mano estintori molto più grandi di quelli usati da Ludo e Sid.

Si aprì la portiera del passeggero e scese una figura nota con una giacca scura e un cappello grigio. Era nientemeno che il maharaja in persona. Sid e Ludo accorsero mentre apriva il bagagliaio e presero altri due estintori grandi. Brandendone uno, Ludo condusse il personale nella casa dei vicini mentre Sid e il maharaja entrarono nella sua. Due allievi presero gli estintori restanti e li seguirono.

In meno di un minuto tutto ciò che restava del fuoco erano i rivoli di un liquido scuro, schiumoso, che colavano dai fianchi di entrambe le case fino in strada, e l'odore acre del fumo e dei fumi chimici. In lontananza udimmo una sirena mentre l'autopompa si avvicinava.

Dopo che il maharaja e i suoi assistenti se ne furono andati, i vigili del fuoco controllarono i danni. Numerosi pali di sostegno erano bruciati e finché non fossero stati sostituiti la terrazza non sarebbe tornata sicura. I mobili erano scivolati di lato, là dove il pavimento sembrava sul punto di cedere da un momento all'altro. Guardandosi attorno nell'edificio che era stato la sua casa e il suo studio di yoga per decenni, Ludo sembrò sollevato che non fosse andato completamente distrutto. Nonostante i danni, disse che le cose sarebbero potute andare molto, molto peggio.

«Se non fosse stato per il maharaja» osservò Serena mettendosi la sua sciarpa preferita sulle spalle «chissà come sarebbe andata a finire...»

Ci furono mormorii di assenso. Ludo e Sid si scambiarono un'occhiata eloquente.

Gli allievi rientrarono radunandosi come le sere passate, stavolta all'interno. Serena aveva ordinato del cibo da asporto all'Himalaya Book Café e fecero passare i cartoni delle pizze insieme a una caraffa di vino rosso, utile a calmare i nervi.

«Quello che sto cercando di capire» rifletté Sukie «è come il maharaja abbia saputo dell'incendio.»

«Forse gli hanno telefonato» suggerì Ewing.

«Si dice che sia molto disponibile nei confronti della comunità» aggiunse qualcuno.

«Anch'io l'ho sentito dire» concordò Serena. «E la sera sembra spesso farsi due passi in questa strada. Forse ha visto di persona l'incendio.»

«Comunque sia, non so come potrò ringraziarlo per aver salvato la mia casa» dichiarò Ludo.

«Non voleva fermarsi a bere un po' di vino?» chiese Merrilee con la sua voce da fumatrice riempiendosi il bicchiere.

«Probabilmente non beve» rispose Sid. «Ed è molto riservato. Non ama la confusione.»

«Dovrò organizzare un incontro personale per ringraziarlo» propose Ludo.

«Molto meglio» convenne lui. «Penso però che ti stia scordando della vera eroina della serata, senza il quale l'incendio avrebbe fatto molti più danni prima che qualcuno capisse cosa stava accadendo.»

Ci fu un attimo di silenzio, poi si voltarono tutti a guardarmi.

«*Swami!*»

«Hai ragione» esclamò Ludo alzandosi e avvicinandosi a me, seduta accanto a Serena. Sembrò prostrarsi quando si inginocchiò sul tappeto di fronte a dov'ero.

«Non penso che scorderò mai il verso che hai fatto» disse accarezzandomi in segno di apprezzamento.

«Da brivido» commentò Merrilee tremando.

«Mi ha fatto venire la pelle d'oca» disse Sukie.

«Chissà come fanno a saperlo…» osservò Carlos sistemandosi la sua caratteristica bandana.

«Oh, penso che i gatti sappiano molto più di quello che pensiamo» replicò Ludo. «Anche più di quello che siamo disposti ad ammettere a noi stessi.»

Dopo un istante Serena disse: «Come dicevamo prima al caffè».

Ludo, Sid e molti altri assentirono.

Per quanti non erano presenti a pranzo, Serena ripeté quello che l'illustre biologo aveva detto a proposito della coscienza degli animali. «Ci ha raccontato che gli esseri non umani hanno la capacità di percepire cose che noi non avvertiamo.»

Evidentemente siamo senzienti in modi che la gente in genere non si sofferma neppure a considerare.

«Una volta ho sentito di un maialino» affermò Ewing, «che una notte ha svegliato i suoi proprietari tirando loro le coperte. La casa stava andando a fuoco mentre continuavano a dormire. Pensano che il maialino abbia salvato loro la vita.»

«Proprio come *Swami* mi ha aiutato a salvare lo studio e la casa» osservò Ludo.

«Credi che abbia sentito l'odore del fuoco?» chiese uno yogi chiamato Jordan.

«Odore?»

«Oppure potrebbe aver visto il fumo» disse un altro.

«Il sesto senso» affermò Carlos proponendo una spiegazione molto più lusinghiera.

Ricordai l'enorme ratto spuntato dal nulla e lo shock che avevo provato vedendolo, seguito dall'urlo involontario che la sua comparsa mi aveva provocato.

«Sicuramente ha saputo avvertirci!» concluse Merrilee.

Ludo mi guardò con un'espressione di profonda gratitudine.

«Per questo, *Swami*, sarai sempre l'ospite d'onore nel mio studio.»

Solo più tardi, mentre ce ne stavamo andando e tutti si stavano mettendo le scarpe nell'atrio, Merrilee notò la sciarpa di Serena.

«Sei stata fortunata» esclamò prendendone l'orlo tra pollice e indice. «Di solito la lasci…»

«… sul balcone» terminò lei. «Sarebbe finita in fumo.»

«Ma stasera no?»

«Questa è la cosa strana» fece Serena. «Giurerei di averla lasciata fuori. Invece a quanto pare era qui, vicino alla mia borsa, fin dall'inizio.»

«Non pensi…?» iniziò a dire Merrilee.

«Eccola!» intervenne Sid accarezzandomi il muso con la punta delle dita mentre Serena mi teneva stretta. «Un essere molto speciale.»

Che cosa mi faceva sentire così vicina a quell'indiano alto con gli occhi che gli brillavano?

«Colei» proseguì «che tanto sa ma poco dice.»

Lo guardai ricordando il ratto sulla sciarpa. Se *io* sapevo molto ma dicevo poco, di quell'uomo cosa si sarebbe potuto dire?

Più tardi quella sera mi acciambellai sulla coperta di yak che Sua Santità teneva sul letto a mio uso esclusivo. Mentre mi trovavo in quello stato dolce e sonnolento, tra la veglia e il sonno, mi tornarono in mente le immagini del sogno della notte precedente e dell'incendio di quella sera. Pensai a ciò che aveva detto il biologo a proposito della natura senziente degli animali. Mi resi conto che uno dei fatti più ovvi ma ignorati sulla felicità è che tutti noi *sem chens*, esseri umani, felini e persino i ratti, siamo uguali nel desiderarla. Se ciascuno di noi è stato un *sem chen* diverso in una vita precedente, e potrebbe esserlo di nuovo in futuro, allora la felicità di tutti gli esseri viventi, al di là della specie, è l'unico nostro scopo degno.

8

La mia indagine sull'arte di fare le fusa aveva riservato colpi di scena più avvincenti di quanto avessi mai immaginato. Eppure, nonostante la saggezza acquisita nelle ultime settimane, restava ancora un interrogativo fondamentale sulla felicità che mi turbava: perché mentre me ne andavo in giro contenta pensando agli affari miei venivo sopraffatta senza una ragione apparente da una sensazione di inquietudine? Come poteva una mattina fruttuosa di meditazione, di toletta e di esercizi di chitarra – così noi gatti chiamiamo la fase più intima del nostro rito di pulizia – diventare inspiegabilmente cupa e grigia? Come poteva un pomeriggio all'Himalaya Book Café, iniziato con l'arrivo molto promettente di un piattino di trota bollita, concludersi in modo fiacco e noioso? In certi casi non succedeva niente che causasse quel cambiamento d'umore. Se fossi stata scacciata da un davanzale, se un bambino dispettoso mi avesse tirato la coda o se mi avessero svegliata da un sonnellino per costringermi a posare per una foto – questo è il prezzo della fama – la mia irritabilità sarebbe stata del tutto comprensibile.

Ma niente di tutto ciò mi aveva turbato, quindi c'era dell'altro.

La saggezza che avevo ricevuto stando seduta in grembo al Dalai Lama mi aveva reso molto più consapevole di quanto accadeva nella mia mente e molto meno soggetta a quegli invisibili alti e bassi. Ciò nonostante era innegabile che i sentimenti piacevoli, positivi, potevano cedere sottilmente il posto a un umore più cupo. E così fu quando un mattino, senza alcuno sforzo da parte mia, la verità mi si presentò in tutta la sua evidenza.

Tutto cominciò quando Tenzin si avvicinò a dov'ero distesa, in cima allo schedario.

«Forse ti interesserà sapere, GSS, che la tua persona preferita al mondo tornerà stamattina.»

Il Dalai Lama? In base ai miei calcoli era esattamente a nove sonni di distanza, senza contare i pisolini.

«Tra due settimane Sua Santità tornerà tra noi» proseguì Tenzin. «Appena arriverà sarà *molto*, molto impegnato. Avrà tanti ospiti a cui pensare. Per questo la nostra rinomata chef viene a fare il punto della situazione. Vuole che sia tutto in ordine prima del suo arrivo.»

Stava arrivando la signora Trinci! La regina della cucina di Jokhang nonché mia generosa benefattrice!

Mentre mi accarezzava la guancia, gli presi l'indice tra i denti tenendolo per qualche istante prima di leccargli un residuo di sapone carbolico.

Sogghignò. «Oh piccola Leonessa delle Nevi, sei troppo divertente. Oggi però la signora Trinci non cucinerà niente, quindi non andare in cucina aspettandoti qualche bocconcino.»

Incrociai il suo sguardo di avvertimento rivolgendogli con le iridi azzurre una delle mie occhiate più imperiose. Per essere un diplomatico esperto, Tenzin sapeva essere straordinariamente ottuso. Pensava davvero che la signora Trinci potesse resistermi, soprattutto dopo un'assenza così lunga? Sarebbe bastato un solo sguardo affettuoso dei miei occhi blu. Forse una strusciata implorante della coda attorno alle sue gambe. Tutt'al più un languido *miao*, e la rinomata chef di Jokhang si sarebbe intenerita preparandomi un piattino speciale per il mio diletto prima che chiunque potesse dire «fegato di pollo a dadini».

Con uno slancio nella mia andatura innegabilmente irregolare, andai subito di sotto.

Arrivai in cucina e trovai la signora Trinci con il suo solito grembiule addosso, un portablocco e una penna in mano, intenta a leggere un elenco di voci mentre Lobsang e Serena rispondevano rispettivamente dalla cella frigorifera e dalla dispensa.

«Dieci confezioni da mezzo chilo di yogurt naturale greco?»

«Sì» rispose Lobsang.

«Quando scadono?»

«Alla fine del mese prossimo.»

«Tutte?»

Ci fu un attimo di silenzio.

«Sì.»

«Prugne denocciolate? Dovrebbero essercene quattro barattoli grandi.»

«Ce ne sono soltanto tre» rispose Serena.

«Oh, *porca miseria*! Maledizione! Ora ricordo. Uno si era arrugginito all'interno. Abbiamo dovuto buttarlo.»

Notando un movimento con la coda dell'occhio si girò e mi vide avanzare dondolando verso di lei.

«Amore mio!» In un istante il suo tono cambiò, diventando così adorante e caloroso che persino io ebbi difficoltà a credere di essere la causa di tale mutamento.

«Come sta la mia bella?» Mi tirò su da terra, mi coprì di baci e mi posò sul banco. «Mi sei mancata tanto! E io, ti sono mancata?»

Mentre mi passava le dita ingioiellate nella folta pelliccia, feci le fusa in segno di apprezzamento. Era un preludio deliziosamente familiare a quella che ero certa sarebbe stata un'esperienza ancora più appagante.

«Qui abbiamo finito?» gridò Lobsang dalla cella frigorifera.

«Per il momento» rispose sbadata la signora Trinci. «Pausa per il tè!»

Pescò nella sua borsa capiente, prese un contenitore di plastica e tolse il coperchio. «Ti ho tenuto un piccolo assaggio del gulash di ieri» mi disse. «L'ho scaldato prima di venire. Spero che sia all'altezza del tuo palato raffinato.» Il gulash all'ungherese della signora Trinci era meravigliosamente succulento e la salsa sublime, tanto da scatenare un fremito in tutte le mie vibrisse.

«Oh, tesorino mio!» esclamò studiandomi attentamente con i suoi occhi color ambra, le ciglia truccate con il mascara, mentre mi chinavo per divorare il gulash con rumorosa soddisfazione. «Sei davvero la creatura più bella che sia mai esistita» sussurrò.

Un po' di tempo dopo la signora Trinci, Serena e Lobsang erano seduti sugli sgabelli al banco della cucina a sorseggiare il tè e a sgranocchiare un dolce al cocco che la chef aveva portato con sé.

«Grazie mille» disse Lobsang sollevando il pezzo che stava mangiando e rivolgendole un ampio sorriso.

«È stata molto gentile a ricordarsi.» La torta al cocco era la sua preferita fin da quando era bambino.

Ridacchiarono tutti.

«Proprio come ai vecchi tempi» osservò Serena.

«Ah, sì.» La signora Trinci sospirò felice. «Quando è stata l'ultima volta che abbiamo lavorato insieme qui? Dodici anni fa?»

Dopo un breve silenzio Lobsang disse: «Credo quattordici».

«Chi avrebbe pensato che i miei due aiutanti avrebbero fatto tanta strada da soli, eh? Il traduttore del Dalai Lama. Una chef di spicco dall'Europa. Tutto cambia.»

«L'impermanenza» concordò Lobsang.

«Be', non tutto è cambiato» osservò Serena. «Siamo appena più vecchi, abbiamo visto un po' il mondo ma siamo sempre gli stessi. Soprattutto per quanto riguarda l'idea di ciò che conta.» Guardò Lobsang. «Quella non è cambiata.»

Lui fissò nel vuoto con aria meditativa per alcuni istanti prima di rispondere. «È vero. Penso ancora che la torta al cocco di tua madre sia la migliore tra tutti i dolci.»

Mentre ridevano, incrociò lo sguardo di Serena con gli occhi che gli luccicavano. «Per esempio.»

«Per esempio» ripeté lei.

«Immagino che sia per questo» d'un tratto si fece serio «che è così difficile cambiare direzione una volta che imbocchi una determinata strada.» L'aura di tranquillità che di solito emanava aveva lasciato il posto all'incertezza. La signora Trinci lanciò a Serena uno sguardo eloquente. Avevano chiaramente discusso della questione a cui si riferiva Lobsang, qualsiasi essa fosse. Non potendo sopportare di vederlo così, la signora Trinci si alzò, gli si avvicinò e con un gran tintinnio di braccialetti lo abbracciò.

«Ovviamente è un periodo difficile per te, mio caro Lobsang» disse. «Ma sappi che qualsiasi decisione prenderai, avrai tutto il mio appoggio!»

Non molto tempo dopo bussarono alla porta della cucina e Lama Tsering entrò. Alto, magro, con un volto decisamente ascetico, Lama Tsering era il responsabile della disciplina del monastero di Namgyal: controllava il comportamento dei monaci durante le funzioni al tempio e anche mentre svolgevano altre attività. Appena apparve, Lobsang scattò in piedi, posò la tazza e giunse i palmi all'altezza del cuore.

Lui fece un profondo inchino. «Buongiorno a voi.»

«Buongiorno, Lama.» La signora Trinci sembrò agitarsi in sua presenza.

«Tenzin mi ha detto che si trovava qui oggi» disse

incrociando il suo sguardo con aria sincera. «Sono venuto a chiederle un suo consiglio, con molta franchezza.»

«Un mio consiglio?» esclamò la signora Trinci sorridendo nervosa.

«In tema di nutrizione» proseguì lui.

«*Mamma mia*! Pensavo di aver fatto qualcosa di male!»

Lama Tsering piegò la testa di lato e con una pallidissima ombra di sorriso disse: «Perché dovrebbe pensare una cosa del genere?».

La signora Trinci scosse energicamente la testa prima di passargli il vassoio con la torta di cocco. «Ne prenda un pezzo» esclamò. «Vuole una tazza di tè?»

Lama Tsering la studiò con interesse. «Sembra molto buona» osservò. «Ma prima ho bisogno di sapere una cosa.» Recuperato un piccolo notes dalla tasca della veste, lo aprì a una pagina su cui aveva preso appunti. «Ha un...» controllò ciò che aveva scritto «... indice glicemico basso? Un IG basso?»

«Piuttosto basso» lo rassicurò lei.

«Mamma!» la rimproverò Serena mentre Lama Tsering ne prendeva una fetta.

La signora Trinci scrollò le spalle. «È tutto relativo.»

Il monaco ne assaggiò un pezzetto, poi osservò: «Diciamo moderatamente basso?».

«Fino a molto alto» suggerì Serena prima che tutti, persino lui, scoppiassero a ridere.

«Perché si interessa all'indice glicemico?» gli domandò la signora Trinci.

«Essendo il responsabile della disciplina del monastero» rispose «è mio dovere assicurarmi che tutti i monaci seguano buone abitudini, pratichino l'autocontrollo e soprattutto siano appagati.» Si picchiettò il cuore. «Ma ho scoperto solo di recente quanto sia importante la nutrizione a questo scopo.»

«Una dieta bilanciata» affermò Serena.

«Soprattutto per quanto riguarda il glucosio.» Lama Tsering lo disse con tale autorità che fu chiaro che aveva fatto le sue ricerche, così come lo fu che noi non avevamo considerato il problema neanche per un istante.

«I nostri monaci hanno bisogno di due cose per poter sperimentare l'appagamento e il successo: l'intelligenza e l'autocontrollo. Non esistono metodi noti per aumentare l'intelligenza. Ma per l'autocontrollo, la forza di volontà, è diverso. Anche in Occidente gli scienziati stanno scoprendo l'importanza dell'intelligenza emotiva.»

Lobsang annuì. Conosceva molto bene il lavoro di Daniel Goleman, che aveva passato tanto tempo con Sua Santità e i cui libri sull'intelligenza emotiva e sull'intelligenza sociale erano famosi in tutto il mondo.

«L'esperimento dei marshmallow alla Stanford University» disse.

«Un fattore predittivo molto efficace del successo» convenne Lama Tsering. Notando l'aria perplessa della signora Trinci e di Serena, aggiunse: «Negli anni Sessanta alcuni bambini piccoli sono stati portati in una stanza uno alla volta e i ricercatori hanno fatto un patto con loro. A ogni bimbo è stato dato un marshmallow dicendogli che avrebbe potuto mangiarlo subito se avesse voluto, ma che se avesse aspettato il ritorno dei ricercatori dopo una breve assenza, avrebbe potuto averne uno in più. I ricercatori se ne sono andati per quindici minuti. Alcuni bambini hanno mangiato subito i dolciumi. Altri sono riusciti a trattenersi e ne hanno avuti due.

«I bambini con maggiore autocontrollo hanno ottenuto in seguito voti più alti, hanno presentato minori problemi di alcol o droga e da adulti guadagnavano di più. Gli scienziati hanno dimostrato che l'autocontrollo è un indicatore del successo futuro migliore anche rispetto all'intelligenza».

«Oh cielo» mormorò la signora Trinci. «Io avrei mangiato subito il marshmallow!»

Lama Tsering ignorò l'interruzione. «Nel corso degli anni abbiamo osservato lo stesso con i nostri monaci. Non è sempre il più intelligente che riesce a realizzarsi. Sono quelli che sono disposti ad applicarsi.»

«Ma in che modo il glucosio influenza tutto ciò?» chiese Serena.

«Ho appreso di recente che uno dei fattori principali che condizionano la forza di volontà è la quantità di glucosio che abbiamo in corpo» spiegò Lama Tsering. «Un livello basso di glucosio diminuisce la capacità di autoregolarsi, di controllare i propri pensieri, le emozioni, gli impulsi e il comportamento. Quando passa molto tempo dall'ultima volta che hanno mangiato, le persone in genere si sentono tese e non riescono a pensare lucidamente.»

«Sì, ne ho sentito parlare» commentò Lobsang, indotto a intervenire da un ricordo. «C'è uno studio in cui hanno valutato le modalità con cui ai prigionieri veniva concessa o meno la libertà provvisoria.»

La signora Trinci e Serena lo guardarono interessate. «Alla fine» spiegò Lobsang «non aveva niente a che fare con il reato commesso, il loro comportamento in carcere, la razza o altre variabili che si potrebbero immaginare. Tutto ruotava attorno all'ora in cui erano comparsi davanti alla commissione e al grado di stanchezza o di fame dei suoi membri. Più si avvicinava l'ora in cui avevano fatto colazione o pranzato, più aumentavano le probabilità che venissero rilasciati in via provvisoria. Ma col passare del mattino o del pomeriggio i membri della commissione diventavano sempre più stanchi e affamati, e crescevano dunque le probabilità che negassero il rilascio.»

«È un ottimo esempio» osservò Lama Tsering annotandoselo. «E penso che lo abbiamo provato tutti. Quando siamo stanchi e affamati, qualsiasi cosa diventa molto faticosa.»

«Il che è esattamente il motivo per cui ci stiamo godendo la nostra torta al cocco» esclamò la signora Trinci. «E perché mi accerto sempre che la piccola Leonessa delle Nevi di Sua Santità non debba mai provare...» Si interruppe in cerca della parola giusta.

«La fatica decisionale?» suggerì Lobsang.

Purché avessi la pancia piena di gulash, poteva fare tutte le battute che voleva sul mio conto, pensai, leccando gli ultimi resti della ricca salsa nella ciotola.

«Allora signora Trinci» affermò Lama Tsering sventolando un fascio di carte con la mano destra. «Ho qui con me il menù ufficiale delle cucine del monastero. Mi chiedo se possa aiutarmi a migliorarlo.»

«Per abbassare l'indice glicemico dei pasti?» chiese lei.

«Esatto.»

«Dovete optare per i cibi che vengono bruciati

lentamente» disse la chef prendendo le carte. «Frutta secca con guscio, verdure, frutta fresca, formaggio, oli e altri grassi salutari. Alimenti che favoriscono un migliore equilibrio degli zuccheri nel sangue.» Scorrendo la lista iniziò a scuotere la testa. «Riso bianco? Pane bianco? Tutti i giorni? No, è troppo!»

Lama Tsering la guardò studiare l'elenco con aria di approvazione. «Sarà interessante osservare che differenza faranno alcuni semplici cambiamenti in cucina» concluse.

Guarda caso anche all'Himalaya Book Café si stava discutendo di introdurre qualche novità nel menù. In particolare, dopo il banchetto indiano inaugurale, si era presentata un'occasione interessante.

All'avvicinarsi del secondo banchetto arrivò una raffica di prenotazioni da parte dei locali che avevano partecipato al primo, di amici che avevano sentito i loro commenti entusiasti e dei direttori d'albergo che avrebbero così garantito ai loro ospiti una serata memorabile.

Senza neanche bisogno di appendere una locandina alla finestra, una settimana prima del secondo banchetto indiano il locale era già al completo.

Alcuni clienti che erano venuti al primo avevano inoltre chiesto a Serena, a titolo di favore eccezionale, la ricetta del loro piatto preferito. In certi casi si trattava delle pakora di verdure, in altri del Malabar fish curry. Serena, sempre generosa, li aveva accontentati dando loro le ricette che lei e i fratelli Dragpa avevano elaborato, adattato e perfezionato in tanto tempo.

Ma non era servito.

La prima a lamentarsi fu Helen Cartwright, la sua amica dai tempi della scuola. Lei e Serena si stavano godendo un cappuccino a metà mattina, circa una settimana dopo che Serena le aveva passato la ricetta per cucinare il pollo al mango. Dal portariviste sentii Helen dire che aveva voluto prepararlo come piatto speciale per la sua famiglia realizzando tuttavia solo una pallida imitazione del trionfo gastronomico di Serena.

Serena volle sapere se aveva seguito passo per passo le istruzioni. Aveva lasciato marinare il pollo? E per quanto tempo? Soltanto molte domande dopo individuò la vera causa della delusione di Helen.

Qualche giorno più tardi ci fu un discorso simile. Merrilee della classe di yoga aveva provato la ricetta del rogan josh con risultati altrettanto fallimentari. In quell'occasione Serena era andata dritta al cuore del problema. Merrilee aveva usato tutte le spezie dell'elenco? Beh, la maggior parte, aveva risposto lei. In alcuni casi non aveva quelle giuste, in fondo ce ne erano così tante, e aveva provato a sostituirle. Quanto fresche erano le spezie? Aveva indagato Serena. Merrilee era stata costretta ad ammettere che almeno una era rimasta nel portaspezie per quasi dieci anni, forse più.

Quando Serena ebbe rilevato l'evidente ragione del suo disastro culinario, Merrilee sembrò imbarazzata per un istante, poi disse, scherzando solo in parte, che se le avesse dato non solo la ricetta ma anche il giusto mix di spezie fresche, il suo successo in cucina sarebbe stato garantito.

Una persona meno compassionevole l'avrebbe liquidata senza pensarci due volte. Ma riflettendo sulla delusione degli amici e sulla scarsa probabilità che avessero facilmente accesso a tutte le spezie fresche e di qualità che teneva in dispensa, decise di assecondarla. Su sua richiesta i fratelli Dragpa prepararono e sigillarono due sacchetti di spezie miste per il pollo al mango e il rogan josh. Serena ne diede uno a Helen e uno a Merrilee.

Non dovette attendere molto la risposta. Nel giro di alcuni giorni tornarono euforiche descrivendo la bontà dei piatti e i pareri entusiasti di amici e familiari. Tutte e due confessarono inoltre di non sentirsi degne delle lodi. «Io in realtà non ho fatto niente. Chiunque può cospargere di roba un pezzo di pollo e grigliarlo mezz'ora dopo. Sono le spezie che fanno il piatto» sintetizzò Helen.

Fu Merrilee a suggerirle di dare un taglio commerciale all'iniziativa. «Perché non metti in vendita il mix di spezie?» propose. «Sarei la tua prima cliente.»

Serena aveva accettato il suggerimento abbinando il sacchetto di spezie al riso e alla frutta secca con guscio, in modo che le uniche cose da comprare fossero la verdura fresca o la carne. Sam studiò la grafica della ricetta al computer e la stampò su una carta color ambra con il logo dell'Himalaya Book Café.

Le confezioni presero a uscire dal locale una dopo l'altra, alla volta della cerchia di amici di Serena, ma anche dei clienti abituali e degli allievi dello studio di yoga. Appena si sparse la voce, la vetrinetta sul banco fu sostituita da un'altra più grande. E il giorno in cui Sam comunicò ai partecipanti del primo banchetto indiano la novità dei pacchetti di spezie, arrivarono ordini per quantità dieci volte superiori a quelle preparate fino ad allora. C'erano richieste persino da posti lontani come Seul, Cracovia, Miami e Praga, da parte di visitatori che avevano cenato al caffè mentre si trovavano a Dharamsala. La gente era più che disposta a pagare per essere in grado di preparare un piatto straordinario senza doverci pensare troppo o prepararsi a lungo.

Dopo l'entusiasmo iniziale l'interesse per i pacchetti di spezie non accennò a diminuire. Il fatto che garantissero risultati sopraffini faceva sì che appena qualcuno ne utilizzava uno voleva subito ordinarne un altro, o anche più, di ogni variante. Ben lungi dall'essere un fenomeno isolato o una moda passeggera, le confezioni divennero sempre più popolari, tanto che portavano ogni settimana più clienti nel locale e ulteriori ordini online.

Fu durante il rito della cioccolata calda a fine giornata che Sam fece una rivelazione straordinaria. «Come va con Bhadrak?» chiese a Serena. Nipote adolescente degli chef, Bhadrak era stato assunto part-time al solo scopo di preparare le confezioni di spezie sotto l'occhio attento degli zii quando il compito era diventato eccessivo per loro.

«Mi sembra bene» rispose lei. «È lento, molto, ma meticoloso. Preferisco così piuttosto che il contrario.»

«Controllo qualità» concordò Sam.

«I suoi zii gli hanno messo il timore di Dio in corpo a questo proposito» osservò Serena.

«Di quale dio?» fece Sam.

«Di tutti quanti!» replicò Serena sogghignando. Nonostante fosse cresciuta in India, trovava ancora piuttosto sconcertante che ci fossero tante divinità.

«Mi stavo divertendo con un foglio di calcolo...» Sam indicò con un cenno alcune carte sul tavolo tra loro.

«È una frase *molto* alla Sam!»

«Sul serio, credo che persino tu troverai interessante questa cosa» obiettò. «Nell'ultima settimana ho scoperto una nuova tendenza a proposito dei pacchetti di spezie. Col senno di poi immagino che fosse prevedibile, ma non ci avevo pensato.»

Serena inarcò le sopracciglia.

«Il passaparola. E non parlo solo dei residenti. Stiamo prendendo ordini da amici di persone che hanno fatto visita al caffè. In un caso una gastronomia di Portland, nell'Oregon, ha ordinato venti confezioni per tipo.»

«Bhadrak *continuerà* ad avere da fare» commentò Serena.

Sam comprese che non coglieva ancora quello che per lui era ovvio. «Penso che potrebbe andare oltre tutto ciò. Tanto interesse dopo un solo banchetto indiano e senza promozione online. Tra gli articoli elencati sul nostro sito non ci sono nemmeno i pacchetti di spezie.»

«Probabilmente è solo un fuoco di paglia» disse Serena alzando le spalle. «Tra un paio di mesi la novità sarà passata e...»

«Oppure potrebbe andare nell'altro modo.» Il Sam

nuovo, più audace, non aveva problemi a confutare una teoria. «Il secondo banchetto potrebbe sfruttare l'impulso del primo. Potresti includere nel prezzo un pacchetto di spezie per ogni cliente, gratuitamente dato che è il primo. Ancor più persone vorranno provarle e le compreranno.» Raccogliendo i fogli sul tavolo, prese una pagina di proiezioni e gliela porse.

«Guarda cosa succederebbe se le vendite seguissero lo stesso modello del primo banchetto.»

«Cos'è questo a sinistra?» chiese lei indicando un grafico.

«Le vendite in dollari statunitensi.»

Sembrò sorpresa. «E questa rossa?» Indicò la linea che piegava bruscamente verso l'alto.

«Quella si basa su una proiezione conservativa di ciò che accadrebbe se dovessimo promuovere le confezioni di spezie a tutte le persone inserite nel database.»

«Strabiliante!» Serena sgranò gli occhi.

«Non ho nemmeno considerato nessun altro fattore che potrebbe intervenire. Come se ti facessi un po' di pubblicità. Le promozioni online. O magari ulteriori ordini dalla gastronomia di Portland o da negozi simili.»

Serena si raddrizzò sul divano. «Queste cifre…» Stava scuotendo stupefatta la testa.

«Ora capisci perché dicevo che era divertente?» disse scherzando.

Lei annuì sfoderando un sorriso.

«Più che semplicemente divertente» si corresse Sam. «La gran cosa è che potremmo entrare nel sistema degli ordini ripetitivi. I turisti fanno visita al caffè due o tre volte al massimo. Comprano forse un paio di libri o di oggetti regalo e basta. Ma quello che hai creato permette loro, in senso letterale, di continuare ad assaporare la vacanza all'infinito.»

«Mantiene il rapporto» aggiunse Serena.

«Esatto!» Sam aveva gli occhi che gli brillavano. «E non solo, guarda i numeri.»

«Vedo. Con un volume del genere saranno necessari più di un Bhadrak part-time e di qualche salto al mercato. Dovrò trovare una fonte che ci garantisca l'approvvigionamento delle spezie.»

«Problemi che vale la pena di risolvere» affermò Sam esortandola a passare all'ultimo foglio che mostrava gli incassi del caffè e della libreria, con in più le proiezioni di quelli relativi alle confezioni di spezie. «Guarda l'ultima riga.»

«*Wow*!» Serena fissò le cifre.

Dopo un attimo di silenzio Sam disse: «È un'attività completamente nuova».

Studiarono a lungo i dati. Serena era raggiante di

fronte alle nuove possibilità, poi divenne seria. «Hai sentito Franc per la contabilità?» chiese.

La domanda era molto più rilevante di quanto sembrasse. Visto tutto quello che Franc stava affrontando in seguito alla morte del padre, Serena e Sam avevano deciso di non dare gran risalto al primo banchetto indiano. Però lo avevano indicato in una riga a parte dei rendiconti che gli mandavano ogni mese insieme a una breve spiegazione di ogni voce. Quella relativa al banchetto indicava un incasso record per una sera in cui il locale di solito era chiuso. E gli avevano chiesto: *Ti piace?*

Notando la sua espressione, Sam scosse la testa. «No.»

«Finché non lo sentiamo…»

Sam raccolse le carte e le impilò sul tavolino. «Sì» disse.

Per qualche tempo rimasero seduti ad accarezzare i loro amici *sem chens*. I due cani sfregavano felici la testa sui cuscini mentre io segnalavo il mio appagamento con fusa delicate.

«A proposito di cibo…» rifletté Serena dopo un po' «oggi ho sentito cose interessanti sulla nutrizione e sull'autocontrollo.» Descrisse la visita del responsabile della disciplina del monastero di Namgyal.

«Mi chiedo se valga lo stesso per questi piccoli»

disse guardando me e i cani. «Suppongo che la nutrizione possa influenzare il loro stato d'animo in qualsiasi momento del giorno.»

Sam alzò momentaneamente lo sguardo passando in rassegna la sua memoria enciclopedica. «Ricordo di aver letto da qualche parte che la dieta ideale per un gatto adulto è di circa quattordici porzioni al giorno, ciascuna grande quanto un topo.»

«Quattordici?!» esclamò Serena.

Lui scrollò le spalle. «Tolti il pelo e gli ossi, un topo medio non è molto calorico.»

«Direi di no» ammise.

«Ci sono probabilmente parallelismi con l'alimentazione umana. Tutti gli animali hanno bisogno del giusto equilibrio di acqua, proteine e vitamine.»

«È incredibile pensare a quanto il nostro umore sia influenzato dal cibo che mangiamo» rifletté Serena.

«La felicità è chimica» osservò Sam.

Serena apparve dubbiosa. «Forse non solo. Ma c'entra di sicuro la chimica.»

«È un fattore.»

«Un fattore *importante*» lo corresse lei.

«Oh, dolcissima Rinpoche» esclamò chinandosi e baciandomi affettuosa sulla testa. «Spero tanto che tu sia una piccola Leonessa delle Nevi chimicamente soddisfatta!»

Sì, pensai. Dopo una porzione "formato topo" di latte senza lattosio lo ero senza alcun dubbio. E oltre ai gustosi pasti che avevo consumato quel giorno – lo squisito gulash della signora Trinci era l'indiscusso piatto forte – ero anche giunta a cogliere un aspetto sorprendente della felicità, che altrimenti sarebbe forse rimasto un grande mistero.

Avevo scoperto perché in una mattina assolutamente piacevole potevo sentirmi d'un tratto suscettibile e annoiata. La ragione, caro lettore, era il *cibo*. Per gli esseri umani una dieta a basso contenuto di zuccheri sembra essere il modo migliore per tenere lontani tedio e malcontento, e la possibilità che venga negata la libertà provvisoria a chi la chiede. Per quanto riguarda noi felini, che c'è di meglio di uno spuntino appetitoso di grandezza topo per aggiustare le cose?

Due giorni dopo Sam chiamò Serena dalla zona ristorante.

Avvicinandosi lo vide seduto al computer, cupo in volto. «Ho appena sentito Franc per la contabilità» la informò.

Lei non ebbe bisogno di guardare lo schermo per conoscere l'esito. Quando tuttavia lo fece, vide la risposta di Franc alla domanda *Ti piace?* In fondo alla pagina, a grandi lettere maiuscole, aveva scritto: «NON

MI PIACE!» Aveva persino sottolineato le parole per enfatizzarle.

Sam stava scuotendo la testa. «Proprio non capisco.»

«Non mi stupisco del tutto» affermò lei scostandosi dal computer. «La visione che Franc ha sempre avuto del caffè è quella di un'oasi occidentale, di un'enclave isolata dal mondo esterno.»

«Anche quando i nostri clienti approvano alla grande aprendo il portafoglio?»

Serena scrollò le spalle, ma la delusione sulla sua faccia era innegabile. Ogni pensiero di futuri banchetti indiani, mix di spezie, promozioni online svanì in un attimo. E nel contempo si instaurò un senso di inquietudine per il futuro dell'Himalaya Book Café: stavamo entrando in acque inesplorate.

9

Ci sono poche cose più sgradevoli del trovare un uomo con una faccia da scimmia piazzato sulla sedia di un amico adorato.

Be', forse un paio di cose ci sono, come essere costretta a scappare da due retriever che sbavano dalla foga e dover salire su un muro alto o scoprire di essere stata un cane nella vita passata. Ad ogni modo, capirete certamente il mio sgomento quando un mattino, circa una settimana prima del ritorno previsto del Dalai Lama, entrai di soppiatto nell'ufficio degli assistenti esecutivi e invece di trovare la sedia davanti a Tenzin vuota, la vidi occupata da un piccolo monaco dalle fattezze ruvide. Restai così sconvolta quando osservai il suo volto oltremodo scavato che per poco non mi ribaltai sulla schiena. Aveva una bocca minuscola, denti da cavallo ed era assolutamente senza mento. La sua espressione sembrava fissa in una smorfia.

Mi chiesi se stesse accadendo davvero o se stessi facendo uno di quei sogni assurdi, angosciosi, che precedono l'alba. Invece no, tutto il resto era proprio come doveva essere. Tenzin stava scrivendo con calma una lettera al presidente francese. Dalla parte opposta del cortile arrivava il canto dei monaci. Il profumo del caffè tostato misto a quello dell'incenso Nag Champa si spargeva in corridoio. Era solo un'altra giornata in ufficio… tranne che per quella strana apparizione.

Tenzin mi salutò con la sua solita formalità. «Buongiorno, GSS.»

Feci qualche passo verso di lui e detti un'occhiata intorno.

«La gatta del Dalai Lama» spiegò all'altro. «Ama stare seduta sul nostro schedario.»

Il monaco grugnì in segno di conferma lanciando solo una velocissima occhiata nella mia direzione prima di continuare a lavorare al computer di Chogyal.

Sono abituata, caro lettore, a suscitare tante reazioni quando faccio la mia comparsa: dall'essere inseguita da segugi diabolici al vedere i monaci di Namgyal prostrarsi davanti a me. Quello però a cui *non* sono abituata è essere ignorata. Accucciandomi per un istante, spiccai un balzo atterrando traballante con un tonfo sulla scrivania di Chogyal. *Be', pensai, ora Venerabile Faccia di Scimmia non potrà ignorarmi.*

Eppure lo fece! Ci fu un momento iniziale di incredulità quando fissò la mia sagoma meravigliosamente morbida, e per gran parte delle persone irresistibile, poggiata su un testo antico. Poi tornò bruscamente al monitor del computer come se fingesse che non fosse successo, come se potesse cancellare l'accaduto.

Stavo attirando molto di più l'attenzione di Tenzin, che seguiva i miei movimenti con la sua consueta inscrutabilità diplomatica. Però lo conoscevo abbastanza da capire che dietro quel volto impassibile c'era una grande attività in corso. Se non mi sbagliavo, sembrava trovare il mio arrivo imprevisto piuttosto divertente. Dopo alcuni lunghi minuti durante i quali il monaco continuò a ignorarmi, con gli occhi incollati allo schermo come se la sua vita dipendesse da esso, mi resi conto che stando seduta sul suo tavolo non avrei ottenuto nulla. Mi diressi allora a passo lento su quello di Tenzin, avendo cura di lasciare l'impronta della mia zampa sull'elegante carta da lettera incisa del Palazzo dell'Eliseo prima di sfiorargli il polso con la coda.

Era il mio modo di dirgli: «Su, su, caro Tenzin, sai bene quanto me che qui c'è qualcosa che non è come dovrebbe». Saltai quindi sullo schedario alle sue spalle e dopo una rapidissima lavata dietro le orecchie mi sistemai per il pisolino mattutino.

Ma il sonno non arrivava. Mentre stavo accovacciata come una sfinge con le zampe ripiegate con cura sotto di me a osservare la stanza, i miei pensieri tornarono a Venerabile Faccia di Scimmia. Sembrava che stesse lavorando a qualcosa sotto la supervisione di Tenzin. Ma per quanto tempo? Se ne sarebbe andato alla fine della mattina? Alla fine del giorno?

Un nuovo pensiero mi allarmò: e se fosse stato convocato per svolgere il lavoro di Chogyal? Poteva essere un incarico a tempo pieno? Era un'idea di per sé agghiacciante! Se ne stava seduto là tutto cupo e concentrato, niente a che vedere con il cordiale, paffuto e benevolo Chogyal. Se Venerabile Faccia di Scimmia fosse stato un elemento permanente, l'ufficio degli assistenti esecutivi non sarebbe stato un luogo in cui avrei voluto trascorrere il mio tempo. Da rifugio accogliente, opportunamente vicino all'appartamento che dividevo con Sua Santità, sarebbe diventato un luogo vietato, da evitare con cura. Che terribile colpo di scena! Dove avrei passato il tempo in assenza del Dalai Lama? Come poteva capitare questo a me, GSS?

Il monaco era ancora là quando andai all'Himalaya Book Café per pranzo, ma grazie a Dio al mio ritorno non c'era più. Ero immobile sulla soglia a guardare Tenzin impegnato ad archiviare alcuni documenti quando arrivò Lobsang. Dopo avermi accarezzato più volte, entrò nell'ufficio con le mani giunte dietro di sé e si appoggiò al muro.

«Allora, com'è andata con il primo della tua breve lista?» chiese a Tenzin guardando il punto dove fino a poco prima c'era il monaco.

«È molto diligente. Ha una mente assai acuta.»

«A-ha.»

«Sbriga il lavoro» Tenzin schioccò le dita «così.»

Stavo seguendo attentamente il discorso guardando ora l'uno ora l'altro.

«È tenuto in grande considerazione dagli abati dei nostri monasteri principali» affermò Lobsang.

Tenzin assentì. «È importante.»

«Cruciale.»

Ci fu silenzio prima che Lobsang lo sollecitasse. «Sento un *ma*.»

Tenzin lo guardò calmo. «Se dovesse avere a che fare solo con gli abati, sarebbe una cosa. Ma chiunque ricoprirà questa posizione dovrà andare d'accordo con un'ampia rosa di persone.» Guardandomi, si corresse in fretta. «Di esseri.»

Lobsang seguì il suo sguardo. Incapace di trattenersi, si avvicinò, mi prese e mi tenne in braccio. «È un po' carente per quanto riguarda le capacità relazionali, vero?»

«È molto riservato» affermò Tenzin. «È perfetto quando si tratta di discutere di questioni relative agli scritti. Lì va sul sicuro. Ma le sfide più grandi di questo incarico sono sempre i problemi legati alle persone. La soluzione dei conflitti.»

«Dare una scala agli altri perché possano scendere.»

«Esatto. Una cosa in cui Chogyal era molto bravo. Aveva un modo di indurre le persone a pensare che le sue idee fossero le loro e di far leva sulle loro motivazioni più nobili.»

«Un dono raro.»

Tenzin annuì.

«Difficile da eguagliare.»

Lobsang mi stava massaggiando la fronte con la punta delle dita, proprio come piaceva a me. «Deduco che non abbia socializzato con GSS…»

«Sembrava non sapesse come reagire. Era come se fosse arrivata dallo spazio.»

Lobsang sogghignò. «Allora cos'ha fatto?»

«L'ha semplicemente ignorata.»

«Ignorata? Come ha potuto farti una cosa del genere?» Lobsang fissò i miei grandi occhi azzurri. «Non ha capito che la decisione finale spetta a te?»

«Esatto. Capire chi esercita davvero l'influenza è un altro requisito del lavoro.»

«E questi esseri non sono sempre quelli che ti aspetti… Giusto, GSS?»

Due giorni dopo, arrivando, trovai la sedia di Chogyal occupata da una montagna d'uomo con una testa grossa come un masso e le braccia più lunghe che avessi mai visto.

«Ah, sì. E questo chi è?» Prima che si potesse dire *Om mani padme hum*, mi prese per la collottola, mi sollevò e mi tenne sospesa a mezz'aria strangolandomi a poco a poco come se fossi un intruso sfacciato.

«Quella» spiegò in fretta Tenzin «è la Gatta di Sua Santità, GSS. Ama sedersi sul nostro schedario.»

«Capisco.» Il gigante si alzò, mi afferrò con l'altra mano, mi portò sullo schedario e mi posò così energicamente che sentii una fitta di dolore nelle zampe posteriori.

«È una meraviglia, vero?» osservò schiacciandomi mentre mi passava la mano sulla schiena.

Miagolai lamentosa.

«È molto delicata» disse Tenzin. «E molto amata.»

Mentre il monaco tornava al suo posto, scrutai l'ufficio tremando. Mai prima di allora ero stata trattata così rudemente a Jokhang. Mai afferrata per il collo con tanta noncuranza ed esaminata come se fossi un'attrazione da zoo. Per la prima volta da quando avevo memoria provai davvero paura in quel posto. Quel mostro non aveva idea della forza che possedeva. Non voleva farmi del male. Mettendomi sullo schedario pensava probabilmente di risparmiarmi la fatica di saltarci. Ma tutto quello a cui riuscivo a pensare era come fuggire il più in fretta possibile senza che mi toccasse di nuovo.

Rimasi seduta attendendo con ansia il momento. Mentre Tenzin esaminava le raccomandazioni di una proposta della Croce Rossa, alla scrivania di fronte lo Strangolatore di Gatti lavorava frenetico. Preparava e-mail, leggeva documenti, vi allegava note riepilogative, il tutto con grande vigore. Chiudeva con forza i cassetti. Sbatteva la cornetta del telefono sulla staffa. L'aria stessa nella stanza sfrigolava di energia. A un certo punto, quando Tenzin fece una battuta, il grande mostro scoppiò in una risata fragorosa e le ondate di ilarità si propagarono lungo tutto il pavimento.

Appena annunciò che sarebbe andato a farsi un caffè offrendosi di prepararne uno per Tenzin, sgattaiolai giù dallo schedario e fuggii. Mi affrettai, molto prima del solito, in direzione dell'Himalaya Book Café e mi ritrovai a pensare come, in confronto, Venerabile Faccia di Scimmia fosse infinitamente preferibile. Mi ero sentita offesa quando mi aveva ignorata, ma ero giunta a capire che era un problema suo, non mio. Il gigante con la veste rossa era invece un pericolo fisico. Se fosse stato scelto come successore di Chogyal, avrei passato gran parte della mia esistenza a Jokhang a cercare di evitarlo.

E che vita sarebbe stata?

Scossa, mi feci strada nell'ambiente confortante del caffè. Con il flusso e riflusso costante dei clienti del ristorante e della libreria, c'era sempre grande trambusto e mi sentivo al sicuro. E lì di certo non ero mai stata maltrattata da un gigante, con la veste rossa o meno.

Quando ero soltanto a metà strada tra il portariviste e il mio consueto posto sulla mensola in alto, mi accorsi che nell'angolo della libreria dove di solito ci ritrovavamo per il rito di fine giornata stava accadendo qualcosa di particolare. Serena e Sam erano in piedi, vicini, e stavano sussurrando in modo urgente, confidenziale.

«Chi lo d-d-dice?» stava chiedendo Sam.

«L'amica di Helen Cartwright conosce sua sorella, Beryle, a San Francisco.»

«E quando?»

«Presto, molto presto.» Serena aveva gli occhi sgranati. «Tipo nel giro di due settimane.»

Sam stava scuotendo la testa. «Non può essere vero.»

«Perché no?»

«Ce lo avrebbe detto. Ci avrebbe scritto qualcosa per e-mail.»

«Non è obbligato.» Serena si morse il labbro. «Può tornare quando gli va.»

Per un po' guardarono entrambi per terra. Alla fine Serena disse: «Questo ridimensiona l'idea dei pacchetti di spezie. Quello che pensa Franc non ha importanza se io non lavoro neppure qui».

«Tu n-n-non lo puoi sapere.» Ogni autorità di Sam era svanita.

«Quello era il patto. Sono solo una custode. Una tappabuchi. Quando abbiamo fatto l'accordo, avevo intenzione di tornare in Europa.»

«Perché non gli telefoniamo?»

Scosse la testa. «È un suo diritto, Sam. È la sua attività. Immagino che dovesse succedere.»

«Forse possiamo chiedere in giro. Potrebbe essere solo una voce.»

Quando finirono di parlare, proseguii fino alla mensola in cima e mi acciambellai. Anche se non era lì da molto tempo, Serena aveva portato un calore e un'energia nel locale che lo avevano reso ancora più speciale. L'idea che potesse andarsene era qualcosa a cui non volevo pensare, soprattutto con quello che stava succedendo sulla collina.

Il giorno seguente andai di nuovo presto al caffè dopo essere uscita di soppiatto da Jokhang in caso fosse tornato lo Strangolatore di Gatti. Quando Serena arrivò per iniziare la giornata di lavoro, capii che non c'erano buone notizie. Si avvicinò a Sam, che stava disponendo i nuovi arrivi sugli scaffali, e gli disse cos'era successo a lezione di yoga la sera prima. Un allievo, Reg Goel, uno degli agenti immobiliari più noti di McLeod Ganj, aveva dato un'occhiata alla casa di Franc in sua assenza. Mentre riponevano cuscini, coperte e mattoni di legno dopo la lezione, Serena gli aveva chiesto se avesse avuto sue notizie.

«Ah, sì» aveva risposto lui con disinvoltura. Proprio quel mattino era stato a casa sua per togliere i teli dai mobili, rimettere le piante, rifornire la dispensa e il frigorifero. Franc lo aveva chiamato la settimana precedente. Sarebbe tornato da un giorno all'altro.

Serena era rimasta così sconvolta che quasi non aveva saputo cosa dire. Non se l'era sentita di restare per il tè del dopo yoga. Per combinazione Sid si era trovato nell'atrio in quel momento e notando la sua espressione le aveva chiesto se ci fosse qualche problema.

Con suo imbarazzo lei si era messa a piangere. Sid l'aveva protetta con discrezione prima che qualcun altro potesse vederla e l'aveva riaccompagnata al caffè. Serena gli aveva spiegato che l'accordo con Franc era solo temporaneo e che per lei il suo ritorno avrebbe significato trovarsi senza lavoro.

Poco dopo le dieci del mattino, chi arrivò al locale se non Sid? All'inizio non lo riconobbi, dato che lo avevo visto solo con gli abiti da yoga. Lì sulla soglia, alto ed elegante con il suo completo scuro, aveva un portamento quasi regale.

Serena gli si avvicinò esprimendo a gesti la sua sorpresa e la sua gioia.

«In realtà sono venuto a vedere te» spiegò Sid portandola nel retro del ristorante, alla panca a suo tempo preferita da Gordon Finlay. Era il posto ideale per una conversazione privata.

«Mi dispiace avere fatto la figura della stupida ieri sera» gli disse Serena dopo che si furono seduti ed ebbero ordinato un caffè a Kusali.

«Non dire così» rispose protettivo Sid. «Chiunque nella tua posizione avrebbe provato lo stesso sentimento.» La studiò attentamente per un po', con lo sguardo molto preoccupato. «Ho riflettuto sulla tua situazione. Se dovesse accadere il peggio e ti ritrovassi senza lavoro, vorresti sempre restare a McLeod Ganj, giusto?»

Lei annuì. «Ma potrebbe non essere possibile, Sid. Mi serve un lavoro… e non uno qualsiasi. Ho sempre pensato che lavorare in uno dei ristoranti più importanti d'Europa fosse l'unica cosa che volevo. Ma più sto qui più mi rendo conto che in realtà non mi appagherebbe. Ho scoperto altre cose che mi gratificano in modo più significativo.»

«Come i banchetti indiani e i pacchetti di spezie?»

Scrollò le spalle. «Adesso è tutto un po' ipotetico, non trovi?»

Lui si appoggiò al divanetto. «O è il contrario?»

Serena aggrottò la fronte.

«Ricordo che hai raccontato al gruppo di yoga del successo avuto dalle confezioni di spezie» affermò. «Che hai dovuto assumere un nuovo dipendente solo per gestire gli ordini.»

«Ora è là» rispose lei piegando la testa in direzione della cucina. «Da un giorno all'altro ne hanno ordinate altre duecento.»

«È esattamente quello che sto dicendo.»

«Ma se non lavoro qui…» non riuscendo a seguirlo si interruppe.

«Hai anche detto che Franc non vuole continuare con i banchetti indiani e via discorrendo.»

Annuì.

«Quello che sto pensando» proseguì Sid «è che se torna a fare il gestore e mantiene il solito menù, non ci sarà conflitto di interessi se continui a produrre le confezioni di spezie.»

Lei spalancò gli occhi. «Ma dove?»

«Ci sono molti locali disponibili nei dintorni.»

«Non lo so, Sid. Stiamo di fatto iniziando ad avere problemi di approvvigionamento.»

«Delle spezie?»

«I mercati di Dharamsala vanno bene per quantitativi medi. Ma dobbiamo garantire la continuità delle spezie migliori in dosi maggiori.»

«Questo» disse Sid con enfasi, «è un problema che posso risolvere io facilmente.»

«Come?»

«Attraverso la mia attività. Abbiamo accesso ai produttori della regione.»

«Pensavo che ti occupassi di informatica» osservò lei sempre più sconcertata.

Fu lui ad annuire stavolta. «Tra le altre cose. Questioni come il commercio equo delle spezie biologiche sono molto importanti per la nostra comunità e anche per me.»

Durante le conversazioni del dopoyoga sul balcone di Ludo, Sid aveva spesso fatto riferimento alla "*nostra comunità*". Era qualcosa, Serena cominciò a capire, che nasceva da un coinvolgimento personale profondo. Però la parola *biologiche* le fece scattare un campanello d'allarme. «Ma il prezzo?»

«Acquisteremmo per vie dirette. Il prezzo sarebbe probabilmente inferiore a quello che paghi al mercato.»

Aveva parlato al plurale, notò lei sorseggiando il

suo caffè. Posò la tazza e mise la mano sul tavolino. «Sai, anche se dovessi iniziare un'attività a sé stante, l'unica ragione per cui i pacchetti di spezie stanno andando così bene è l'Himalaya Book Café.»

Sid sorrise con uno sguardo affettuoso negli occhi. Le mise per un attimo la mano sulla sua. «Serena, l'Himalaya Book Café è stata la ragione per cui ti è venuta l'idea. Ma un modello di affari di successo non dipende da esso. Le due cose sono del tutto distinte.»

Serena rifletté e colse la verità di quanto lui stava dicendo. Ovviamente il motivo per cui continuavano a ordinare le spezie non era l'Himalaya Book Café, bensì il loro sapore, la praticità e il prezzo. Ancora più importante per lei in quel momento era tuttavia la *ragione* per cui lo stava dicendo.

Sid aveva evidentemente pensato molto a lei e alle sfide che si trovava davanti, più di quanto Serena avesse ritenuto probabile fino a un giorno prima.

Mentre meditava su tutto ciò, le balzarono in mente altri particolari. La frequenza con cui Sid si era seduto accanto a lei sulla terrazza dopo le lezioni di yoga. La sua gioia quando aveva annunciato l'intenzione di rimanere a McLeod Ganj invece di tornare in Europa. La preoccupazione che aveva mostrato quando gli aveva riferito che Franc aveva perso suo padre. Tutto puntava nella stessa direzione.

Così come Sam non si era accorto di Bronnie finché lei non gli si era parata di fronte e gli aveva dato la mano, solo allora Serena *notò* veramente Sid per la prima volta. Poteva anche essere stato sempre là, ma solo in quell'istante cominciò a capire... e nel farlo sorrise.

«E il marketing?» chiese vagamente distratta. «Il database dei clienti appartiene all'Himalaya Book Café.»

«Franc sembra un uomo ragionevole» osservò Sid. «Anche se non volesse continuare l'attività delle spezie, non ci sarebbe conflitto se ti girasse dei clienti, magari in cambio di una percentuale.»

Lei annuì. «Sarebbe ottimo come reddito integrativo. Ma se dovessi mettermi in proprio...»

«Avresti bisogno di una distribuzione molto più ampia, a livello ideale all'estero. C'è qualcuno che probabilmente potrebbe aiutarti.»

«Oh?»

«L'hai già incontrato.»

Di nuovo quella frase. «Qui?»

«Non ricordo il suo nome, ma hai detto che era uno degli uomini d'affari di maggior successo nell'industria del fastfood.»

Gordon Finlay, pensò Serena. «*Wow*!» disse a voce alta. «Se mi spianasse la strada anche solo con una catena di negozi...» Stava scuotendo la testa. «Non posso credere di non averci pensato.»

«A volte è più facile vedere le cose da lontano.»

Sostennero a lungo l'uno lo sguardo dell'altra.

«È... straordinario!» esclamò infine Serena. Stavolta fu lei a prendergli la mano tra le sue. «Grazie, Sid, di tutto.»

Lui annuì sorridendo.

«Hai un biglietto da visita o qualcosa del genere?» domandò Serena. «Nel caso avessi bisogno di parlare ancora con te?»

«Mi troverai allo studio di yoga» rispose.

«Tu sei sempre così diligente» commentò. «Io invece questa settimana potrei non venirci con regolarità.»

«Non perderò nessuna lezione.»

Ci fu uno strano silenzio prima che lei insistesse. «Se solo potessi avere un numero di telefono o un recapito...»

Dopo un attimo, e forse con una certa riluttanza, Sid infilò la mano nella tasca della giacca, prese un portafoglio di pelle nera e recuperò un biglietto.

«Non c'è il tuo nome sopra» notò Serena mentre lui glielo porgeva. «Solo un indirizzo e un telefono.»

«Chiedi di Sid.»

«Sanno chi sei?»

Sogghignò. «Sì, tutti sanno chi sono.»

Serena rimase svagata per il resto del giorno. C'erano momenti in cui alzavo lo sguardo e la notavo dietro il banco intenta a fissare nel vuoto, cosa che non le avevo mai visto fare. In un'occasione portò una bottiglia di Sauvignon Blanc ghiacciato dalla cantina in cucina invece che al tavolo. In un'altra salutò un cliente senza dargli il resto. Svolgeva meccanicamente le funzioni di *maître*, ma la sua mente era altrove.

La visita di Sid era stata uno shock e nel contempo una gioia. Com'era potuto sfuggirle? Dall'espressione felice sul suo volto quando l'aveva toccata si era capito cosa provasse. E si era dimostrata insolitamente imbarazzata quando aveva compreso con quanta accortezza avesse pensato alla sua situazione. Ma ora che Sid non c'era, i suoi pensieri erano offuscati dal dubbio. La notizia del ritorno imminente di Franc, la rivelazione dell'interesse che Sid nutriva per lei, le sue proposte d'affari audaci ma angoscianti: era molto da digerire. Perché doveva sempre succedere tutto in una volta?

Poco dopo pranzo, un delizioso banchetto a base di tenera sogliola alla mugnaia che divorai con molta gratitudine, la sentii riferire parte dei suggerimenti di Sid a Sam, ma con qualche riserva. «Non so se Franc sarebbe disposto a lasciarmi usare la mailing list» affermò confidando le sue perplessità. «Sembra che non voglia che il caffè abbia contatti di quel genere.»

Sam restò in silenzio.

«Anche se Gordon Finlay mi spianasse *davvero* la strada» proseguì «da questo ad avere un flusso costante di ordini al dettaglio ce ne vuole. Come farei nel frattempo a pagare i conti?»

Era un pomeriggio strano. L'Himalaya Book Café era in genere un luogo allegro in cui passare il tempo, ma quel giorno era come se la musica familiare del locale venisse suonata in chiave minore. Nubi scure correvano in cielo e il vento era diventato così gelido che alle tre Kusali dovette chiudere le porte a vetri.

Io restai soltanto perché ero molto spaventata all'idea degli incontri che avrei potuto fare se fossi tornata a Jokhang durante l'orario di lavoro. Al pensiero che quel monaco enorme posasse un dito su di me ero attraversata da un brivido fino ai miei morbidi stivali grigi. Mancavano solo pochi giorni all'arrivo di Sua Santità, eppure la minaccia rappresentata da quel gigante smorzava il mio entusiasmo.

Per quanto riguardava Serena, ogni euforia che aveva provato per la visita di Sid era più che svanita davanti alla preoccupazione per il ritorno di Franc.

Anche il rito della cioccolata calda di quella sera sembrò confermare quanto pericolosamente precaria fosse diventata la situazione. Dopo il solito scambio di segnali con Sam, andò al loro posto seguita ben presto da Kusali. Sul vassoio c'erano tre tazze di cioccolata calda – anche Bronnie era ormai una presenza abituale – oltre ai biscotti per cani e al mio latte.

Marcel e Kyi Kyi attaccarono subito i biscotti con avidità, come se fossero il primo cibo che vedevano quel giorno. Io mi dedicai al latte, direi con più decoro. Sam arrivò dalla libreria e si sedette pesantemente di fronte a Serena.

«Bronnie scende?» gli chiese lei indicando con un cenno la terza tazza di cioccolata sul vassoio.

«Stasera no» rispose Sam con aria stanca. Dopo un breve silenzio aggiunse: «Forse non lo farà mai più».

«Oh, Sam!» Serena si incupì.

Lui bevve un lungo sorso di cioccolata prima di guardarla per un attimo. «Abbiamo avuto una grossa discussione» affermò.

«Scaramucce tra fidanzati?»

Lui scosse tristemente la testa. «Di più.»

Serena restò in silenzio finché lui non le raccontò. «Dice che ha sempre voluto andare a Katmandu. E ora è saltato fuori un lavoro di volontariato proprio lì. Sembra non capire che non posso mollare la libreria per accompagnarla.»

Lei increspò le labbra. «È complicato.»

Lui fece un profondo sospiro. «Il lavoro o la mia ragazza. Scelta meravigliosa.»

Ormai nella libreria non c'era più nessuno e nel locale restava solo un tavolo di clienti: quattro abituali che indugiavano davanti ai resti della crème brûlée e al caffè. Con Kusali ancora in servizio, né Serena né Sam stavano prestando grande attenzione a quello che accadeva al di là del loro tavolo, per questo furono presi totalmente alla sprovvista dall'arrivo di un visitatore che sembrò materializzarsi dal nulla. Essendo il maestro di Franc e il consigliere autonominato di Sam, non era sconosciuto al locale, ma non lo si vedeva lì da un po'. Ed era giusto solo per uno scopo preciso.

Avvertendo un movimento sulle scale della libreria, Sam alzò lo sguardo e lo vide in piedi all'estremità del loro tavolo. «Geshe Wangpo!» esclamò sgranando gli occhi.

Sam e Serena fecero per alzarsi in piedi.

«State comodi!» disse Geshe Wangpo con i palmi rivolti verso di loro. «Mi fermo solo un attimo, d'accordo?» Si appollaiò sul bracciolo del divano di Sam.

Geshe Wangpo era una figura decisamente autorevole, bastava la sua presenza a indurre tutti in uno stato di mite obbedienza. Mentre Serena incrociava lo sguardo di Sam, lui affermò: «È necessario coltivare la serenità d'animo. Quando la mente ha troppi alti e bassi non ci può essere felicità né pace. Questo non è utile per sé e…» guardò di proposito Serena «non lo è per gli altri.»

Lei guardò a terra. Sentii allora l'intensità dello sguardo di Geshe Wangpo posarsi su di me e mi sembrò di essere un libro aperto per lui. Pareva conoscere esattamente i miei sentimenti per Venerabile Faccia di Scimmia e lo Strangolatore di Gatti. Sapeva che avevo trovato rifugio al caffè, spaventata all'idea di tornare a Jokhang, e che la mia solitamente sconfinata sicurezza mi aveva abbandonata. Fissandolo, percepii che mi conosceva bene come mi conoscevo io.

A quel punto Sam sembrò sentirsi vulnerabile e annuì mesto. Davanti alla chiara verità non ci si poteva nascondere.

Dopo un attimo Serena parlò. «Il problema è come.»

«Come?»

«È così difficile restare calmi, coltivare la serenità d'animo» osservò Serena «quando succedono… tante cose.»

«Quattro strumenti» affermò Geshe Wangpo guardandoci a turno. «Primo: l'impermanenza. Non dimenticate mai: *anche questo passerà*. L'unica cosa che sapete con certezza è che, al di là di come sono le cose ora, cambieranno. Se ora state male, non c'è problema. Più avanti starete meglio. Sapete che è vero. È sempre stato vero, giusto? Lo è anche ora.»

Stavano annuendo.

«Secondo: che senso ha preoccuparsi? Se puoi fare qualcosa, fallo. Se non puoi, che senso ha angosciarsi? Lascia andare! Ogni minuto che passi a preoccuparti, perdi sessanta secondi di felicità. Non permettere ai pensieri di essere come i ladri, di rubarti la serenità.

«Terzo: non giudicare. Quando dici: "Quello che è successo è un male", quante volte ti sbagli? Perdere un lavoro può essere proprio quello di cui hai bisogno per iniziare una carriera di maggiore soddisfazione. La fine di un rapporto può aprire più possibilità addirittura di quelle che pensavi esistessero. Quando succede, pensi: "È *male*". Tempo dopo potresti pensare che sia *la cosa migliore che ti sia mai capitata*. Perciò non giudicare, per quanto brutta ti sembri la situazione al momento. Potresti sbagliarti del tutto.»

Serena, Sam e io lo fissammo incantati. In quell'istante sembrava il Buddha stesso, apparso nella nostra nebbia per dirci proprio quello che avevamo più bisogno di sentirci dire.

«Quarto: niente palude significa niente loto. Il più sublime dei fiori spunta dalla melma della palude. La sofferenza è come la palude. Se ci rende più umili, più capaci di compassione nei confronti degli altri e più aperti verso di loro, siamo in grado di trasformarci e di diventare veramente belli come il loto.

«Ovviamente» Geshe Wangpo si alzò dal bracciolo dopo avere trasmesso il suo messaggio «mi riferisco solo alle cose sulla superficie dell'oceano, ai venti e alle tempeste a cui siamo tutti soggetti. Ma non scordatevi mai» si chinò toccandosi il cuore con la destra «che in profondità, sotto la superficie, tutto è bene. La mente è sempre pura, infinita, splendente. Più vi dimorate, più facile vi sarà affrontare le cose temporanee della superficie.»

Non stava comunicando solo con le parole. Ci stava mostrando anche il loro significato. In quell'istante la realtà profonda in cui tutto era bene di cui stava parlando era tangibile. Poi se ne andò, silenzioso e inosservato com'era arrivato.

Per un po' Serena e Sam rimasero seduti, sbigottiti da quanto era appena accaduto.

Sam fu il primo a parlare. «È stato... veramente straordinario. Il modo in cui è apparso.»

Serena annuì sorridendo.

«Sembra che sappia con precisione cosa ti succede nella testa» proseguì lui.

«E non solo quando sei insieme a lui» aggiunse Serena.

Sam incrociò a lungo il suo sguardo condividendo il proprio stupore.

«Quello che ha detto è così azzeccato» commentò

lei con un sorriso. Stava prendendo atto che ogni nube si era dissolta.

Sam assentì. «Tanto da essere irritante.»

Ridacchiarono entrambi.

Kusali aprì la porta d'ingresso e la brezza serale entrò nel caffè. Accanto alla finestra l'ultimo tavolo di commensali si stava preparando a uscire.

Riflettei sul valore di quanto aveva detto Geshe Wangpo. La felicità era possibile soltanto con la serenità d'animo. Finché dipendeva dalle circostanze, era sempre effimera e inaffidabile come gli eventi stessi. Come ciuffi di pelo di gatto portati dal vento, le nostre emozioni sarebbero state spinte di qua e di là da forze ben superiori al nostro controllo.

Gli strumenti per coltivare la serenità d'animo non richiedevano balzi di fede. Come aveva spiegato Geshe Wangpo, erano più che ovvi. Ma l'essenza della serenità d'animo era in sostanza la familiarità con la natura della mente stessa, la quale sapevo che andava sviluppata con la pratica della meditazione. Geshe Wangpo era evidentemente diventato maestro nel farlo. Lo si capiva dal modo in cui le menti altrui erano così trasparenti ai suoi occhi, conseguenza naturale del fatto che la sua era libera da qualsiasi ottenebramento.

Passò un po' prima che Serena se ne accorgesse. Spostò rapida lo sguardo dalla faccia di Sam al divano, poi sotto il tavolo, poi ancora al cesto sotto il banco.

«I cani!» esclamò.

Sam si mise a sedere di scatto e chiese ansioso: «Dove sono?».

Si alzarono e controllarono nel caffè e nella libreria.

Poi Serena li notò stesi sul marciapiede, davanti alla porta del locale. Mai nelle nostre riunioni di fine giornata Marcel e Kyi Kyi avevano rinunciato al divano e alla possibilità di ricevere una grattatina sulla pancia. Mai erano usciti al buio a tarda sera. Era una cosa che non succedeva mai.

Serena si scambiò un'occhiata con Sam.

«Lo sanno» affermò.

10

Lo sapevano eccome.

Più tardi, dopo aver augurato la buonanotte all'ultimo tavolo di commensali, Serena stava calcolando l'incasso della serata. Al banco della libreria Sam faceva lo stesso. Kusali stava dando gli ultimi ritocchi al locale preparandolo per la colazione del giorno dopo. Scesa dalla sezione libri, io ero sul punto di tornare a casa.

Fuori ci fu un improvviso trambusto e guardammo tutti verso la porta. Un grande taxi bianco si era fermato a fianco del ristorante con le luci accese. Qualcuno stava scendendo dal sedile posteriore. Marcel e Kyi Kyi uggiolarono impazziti saltando addosso a una figura con i jeans neri e una felpa. Prima ancora che si girasse, capimmo con precisione chi fosse.

Si chinò per prendere i cani sottobraccio. I latrati cessarono di colpo, sostituiti da una frenesia di annusate, guaiti e leccate sulla faccia. Franc gettò indietro la testa e rise di gioia.

Quando entrò guardò prima Serena, poi Sam, Kusali e infine me. «Sono venuto dritto da Delhi. Ho chiesto al tassista di passare davanti al caffè. Appena ho visto le luci accese…» Non aveva bisogno di spiegare mentre stringeva felice i due cani che si divincolavano.

Serena fu la prima ad andargli incontro. «Bentornato a casa!» disse stampandogli un bacio sulla guancia.

Franc posò i cani per terra. Schizzarono immediatamente su per i gradini mentre Sam li stava scendendo, per tornare a precipizio da Franc, lanciarsi di nuovo fuori, sul marciapiede, e rientrare.

«Che bello averti di nuovo qui!» Sam lo salutò con una stretta di mano seguita da un caloroso abbraccio.

A poca distanza Kusali giunse i palmi all'altezza del cuore e fece un profondo inchino. Franc ricambiò sostenendo per tutto il tempo lo sguardo del capocameriere. «*Namaste*, Kusali.»

«*Namaste*, signore.»

Franc si avvicinò a dov'ero seduta e mi prese in braccio. «Piccola Rinpoche» disse baciandomi sul collo. «Sono così contento che ci sia anche tu. Senza di te non sarebbe stato lo stesso.»

Mi accoccolai tra le sue braccia.

Sam guardò i cani che continuavano a correre euforici in cerchio.

«So di non avervi avvertito del mio ritorno» disse Franc a Sam e a Serena. «Questo perché per un po' voglio che continuiate a fare quello che state facendo.»

«Pensi di riuscire a stare lontano da qui?» commentò Serena sorridendo, senza lasciar trapelare nulla dell'ansia che provava.

«Oh, farò un salto per un caffè o per pranzo. Ma gestore a tempo pieno?» Scosse la testa. «Non ho grande fretta. Una delle cose che ho capito affrontando quest'esperienza con papà è che voglio ottenere il meglio dalla mia permanenza qui a McLeod Ganj, con tutti questi grandi maestri. La vita è breve. Non voglio passarla interamente a gestire un ristorante.»

I tre altri umani e io stavamo ascoltando attenti.

«Se non avessi intenzione di tornare in Europa» la guardò «cercherei di convincerti a restare e a dividere il compito con me.»

«È un'idea.» Sam la guardò con un ampio sorriso.

Lei inarcò le sopracciglia. «Ti fideresti del mio giudizio?»

Franc s'illuminò. «Perché non dovrei? Non abbiamo mai avuto incassi così alti da quando avete preso in mano l'attività. Senza di me sembra che tutti stiano meglio.»

Piegò la testa di lato osservando i cani. «Fortunatamente non *tutti*.»

Serena e Sam si scambiarono un'occhiata eloquente.

«È solo che...» fece Serena nello stesso momento in cui Sam affermò: «Quando noi...».

Si bloccarono entrambi.

«Cosa?» Franc guardò ora l'uno ora l'altra.

«I banchetti indiani» riuscì a dire Serena qualche istante prima che Sam esclamasse: «I pacchetti di spezie».

«Esatto!» Franc aveva gli occhi che brillavano.

«Ma credevamo...» affermò lei.

«La tua e-mail diceva...» proseguì Sam.

«... che l'idea non ti andava» concluse Serena.

Franc si corrucciò. «I conti del mese scorso?»

Mentre annuivano con aria grave, aggiunse: «Ricordo benissimo cosa ho scritto. NON MI PIACE. LO ADORO!».

Sam fu improvvisamente travolto dall'emozione. «Allora la pagina doveva essere tagliata in basso!» Guardò Serena mortificato. «Abbiamo ricevuto solo il primo pezzo.»

Ma a lei non importava. Afferrò entusiasta Franc e lo abbracciò. «Non sai quanto questo mi renda felice!»

Il mattino seguente dopo colazione emersi esitante dall'appartamento che condividevo con Sua Santità e percorsi in punta di piedi il corridoio che portava oltre l'ufficio degli assistenti esecutivi. Al primo accenno di presenza dello Strangolatore di Gatti ero pronta a tornare di corsa nella mia tana sicura. Invece sentii Tenzin e Lobsang discutere di un nuovo sviluppo. Curiosa come sempre, entrai in silenzio nell'ufficio.

«... completamente di sorpresa» stava dicendo Tenzin prima che mi notasse.

Mi salutarono in coro: «Buongiorno, GSS».

Mi avvicinai e mi sfregai prima contro le gambe di Lobsang, poi contro quelle di Tenzin.

«Il punto è che tornerà tra tre giorni e appena rientrerà sarà molto impegnato» affermò Tenzin riprendendo il discorso. Si chinò per un attimo ad accarezzarmi. «Hai sentito, GSS? Tra tre giorni il tuo membro preferito del personale ci riporterà Sua Santità.»

Benché avessi inarcato la schiena apprezzando il suo affetto, la notizia che l'autista di Sua Santità sarebbe tornato a Jokhang non mi entusiasmò affatto. Mi vantavo di essere una gatta dai tanti nomi, ma quello che mi aveva dato quell'individuo rozzo era indecoroso. Era successo in un momento in cui i miei peggiori istinti erano riaffiorati e avevo portato un topo comatoso a Jokhang. Caro lettore, sai come ha osato chiamare *me*? *Mousie Tung*!

«Sua Santità sa quante difficoltà abbiamo incontrato a cercare qualcuno per l'incarico» ammise Tenzin. «Con quelli che avevamo selezionato finora ci sono stati problemi di capacità o di carattere, perciò ha suggerito questa soluzione a breve termine.»

Fui enormemente sollevata. Da quello che capivo la posizione di Chogyal non sarebbe stata usurpata da Venerabile Faccia di Scimmia. Né avrei dovuto superare di corsa l'ufficio degli assistenti esecutivi ogni giorno per sfuggire all'attenzione dello Strangolatore di Gatti.

«Allora quando presumi che arriverà l'assistente provvisorio?» chiese Lobsang.

Tenzin guardò l'orologio. «Da un momento all'altro. Ho appena mandato Tashi e Sashi a prenderlo.»

Lui annuì. Osservando il computer domandò: «E per quanto riguarda le sue conoscenze informatiche?».

Tenzin alzò le spalle. «Non so se abbia nemmeno mai usato un cellulare.»

«D'altronde saper leggere la mente delle persone è sicuramente un vantaggio» osservò Lobsang.

Risero prima che Tenzin commentasse: «Alcune decisioni di Sua Santità possono apparire strane al momento, ma ho scoperto che molto spesso non lo sono».

Dopo un po' Lobsang tornò nel suo ufficio e io raggiunsi la mia postazione in cima allo schedario. Nel corridoio esterno si udirono dei passi leggeri, di piedi nudi, accompagnati da voci infantili. Poi, senza rumori né movimenti percepibili, Yogi Tarchin entrò nell'ufficio. Come la volta in cui l'avevo visto dai Cartwright, indossava vestiti che sembravano arrivare da un'era lontana, di broccato rosso sbiadito. Aveva un odore d'incenso e di cedro.

Tenzin si alzò in piedi. «Grazie molte per essere venuto» esclamò facendo un profondo inchino.

«È un privilegio poter servire Sua Santità.» Yogi Tarchin ricambiò l'inchino. «Le mie capacità sono scarse, ma mi metto a vostra disposizione.»

Prima di tornare alla sua scrivania, Tenzin gli indicò la sedia dove era solito sedersi Chogyal. Si ritrovarono così faccia a faccia.

«Sua Santità ti tiene in grandissima considerazione» disse Tenzin. «In particolare apprezzerebbe molto che lo aiutassi con una serie di appuntamenti monastici delicati che avrà al suo ritorno.»

Ricordai le difficoltà che incontrava Chogyal a quel proposito. La politica monastica poteva essere molto complicata e questioni come l'autorità nel campo delle scritture, la personalità e la discendenza andavano attentamente soppesate.

Yogi Tarchin tuttavia si limitò a sogghignare. Era una risata che mi riportò subito alla mente qualcun altro: Sua Santità stessa! Sembrava sottintendere che, al di là della gravità di una decisione, quando la si valutava nell'ottica della felicità duratura e della atemporalità, poteva essere affrontata con più leggerezza.

«Ah, sì» esclamò Yogi Tarchin. «Quando le decisioni vengono prese per il bene di tutti, sono facili. Ma se c'è l'ego… diventano molto difficili!»

Seduto di fronte a lui, Tenzin sembrò rispondere alla sua presenza rilassata. Lo notai appoggiarsi in modo più evidente del solito allo schienale, e aveva le spalle meno rigide.

«Sbrighiamo un bel po' di corrispondenza al computer» spiegò Tenzin indicando lo schermo di Chogyal. «Possiamo chiamare qualcuno che ti aiuti con gli aspetti tecnici.»

«Molto bene» rispose Yogi Tarchin girando la sedia in modo da essere rivolto verso lo schermo, poi afferrò il mouse e con la disinvoltura di chi aveva una certa familiarità cliccò un paio di volte. «Prima dell'ultimo ritiro ho usato Microsoft Office. E chi non ha un account di posta elettronica? Ma, a parte questo, non sono molto esperto di computer.»

Tenzin aveva un'aria stupita. Stava senza dubbio pensando che non si dovevano mai giudicare troppo in fretta le capacità di uno yogi. In fondo una mente in grado di cogliere le verità più sottili sulla natura della realtà era più che capace di creare un documento Word.

Mentre mi sistemavo sullo schedario, Yogi Tarchin alzò lo sguardo dallo schermo. «Oh... *Sorellina*!» esclamò alzandosi e venendo ad accarezzarmi con grande affetto.

«È la Gatta di Sua Santità, altrimenti nota come GSS» spiegò Tenzin.

«Lo so. Ci siamo già incontrati.»

«Perché *Sorellina*?»

«È solo un nome. È la mia *Sorellina di Dharma*» disse Yogi Tarchin.

Sapevamo tutti e due che si stava riferendo alla mia relazione con Serena, ma il suo significato non mi era mai stato più chiaro di quel momento, assai più di quando lo aveva detto la prima volta. In quell'istante sembrò che condividessimo un segreto, un'intesa, la cui verità sarebbe stata rivelata a suo tempo.

Quando Yogi Tarchin tornò alla sua scrivania,

Tenzin mi guardò e sorrise. «Penso che siate amici» osservò.

Yogi Tarchin annuì. «Da molte vite.»

Notai la differenza appena misi piede nell'Himalaya Book Café: il cesto sotto il banco era vuoto. Per la prima volta da quando avevo memoria nel locale non c'erano presenze canine. Mi bloccai più per lo stupore che per altro. Per quanto strana possa sembrare questa confessione, per un attimo restai davvero molto delusa. In assenza di Franc, io e i cani eravamo diventati buoni amici. Poi però ricordai il suo arrivo a sorpresa la sera prima, l'euforia che avevano manifestato vedendolo, e fui contenta per loro. Ora erano di certo a casa con lui, tutto era bene.

Ed era la stessa sensazione che provavo all'interno del caffè. La visita di Franc poteva anche essere durata solo dieci minuti, ma aveva avuto l'effetto di un temporale. La tensione che si era accumulata nei giorni precedenti si era dissipata in un unico momento catartico. Serena aveva un nuovo slancio nell'andatura. Sam si dava un gran da fare per allestire una nuova vetrina permanente per i pacchetti di spezie. Sembrava esserci fermento persino tra i camerieri. Non c'era dubbio: all'Himalaya Book Café le cose stavano migliorando e c'era una persona in particolare con cui Serena voleva condividere la buona notizia.

Più volte la vidi avvicinarsi al telefono sul banco dell'ingresso, prendere il biglietto da visita di Sid e sollevare il ricevitore. E ogni volta succedeva qualcosa che richiedeva la sua immediata attenzione. Con tutta quell'attività in corso la zona anteriore del caffè non era esattamente il luogo migliore per un discorso serio. Fu allora che, a quanto pare, le venne un'altra idea.

Prendendo il biglietto di Sid, si avvicinò a Kusali.

«Bougainvillea Street?» chiese. «È quella qui dietro, vero?» domandò. «Quella che prendo per andare a yoga?»

«Sì, signorina» confermò lui. Guardando il biglietto aggiunse: «Numero 108. È quello con i muri alti bianchi e il cancello di metallo».

«Sul serio?» Guardò nella mia direzione. «Conosco quel posto. È la sede di un ufficio?»

Lui annuì. «Penso. C'è sempre un gran viavai.»

Vedevo il corso che stavano prendendo i suoi pensieri e la mia curiosità fu subito stuzzicata. Essendo rimasta per un'eternità sul muro, ricordavo i prati ondulati e i cedri altissimi. Pensai alle aiuole fiorite inondate di colori e di profumi, all'edificio che pareva notevole ed esteso, con tante nicchie e anfratti che noi gatti adoravamo esplorare. Decisi che sarei andata in visita con Serena.

Rammentando la lunghezza della collina e l'impresa della salita – me ne sarei mai scordata? – partii in anticipo. Uscii dal caffè e seguendo il vicolo posteriore, sempre all'erta per i retriever, iniziai a salire Bougainvillea Street in direzione della proprietà con il muro bianco alto. Feci attenzione a rasentare i palazzi e guardai frequentemente dietro di me, pronta a correre al riparo se avessi visto i cani o Serena avvicinarsi. Sapevo che non mi avrebbe permesso di seguirla in un luogo tanto lontano dal caffè. Ma se fossi apparsa così, mentre stava per entrare, che alternativa avrebbe avuto?

Per questo, quando il cancello pedonale si aprì con un ronzio dopo che lei si era annunciata al citofono, mi materializzai là, accanto alle sue caviglie, con molta noncuranza. Che coincidenza!

Entrammo.

Seguimmo un sentierino lastricato fino alla casa. C'era una rampa di gradini di marmo che conduceva alla porta principale sotto un portico. Con le sue colonne e le portefinestre con le maniglie d'ottone, l'ingresso aveva un'aria formale.

Serena ne aprì una e ci ritrovammo in un atrio ampio, rivestito di legno, con tappeti indiani e un tavolo lungo dall'aspetto molto vecchio che odorava di lucido per mobili. Per il resto la stanza era vuota. Ma non fu subito chiaro in che genere di edificio fossimo entrate. L'ingresso non era freddo e impersonale come quello di un ufficio né caldo e accogliente come una casa privata. Esattamente davanti c'era una porta aperta che conduceva in un corridoio. A sinistra c'era un'altra porta che dava su una reception. A destra una rampa di scale.

Mentre osservavamo tutto ciò, un uomo di mezza età in camicia e cravatta spuntò dal corridoio e si avvicinò.

«Desidera, signora?» chiese guardandomi con un'espressione piuttosto stupita mentre me ne stavo seduta accanto a Serena.

Lei annuì. «C'è Sid, per favore?»

L'uomo sembrò disorientato.

«Sid» ripeté Serena cercando di fugare la confusione dell'uomo. «Forse ha a che fare con l'informatica?»

«L'informatica?» domandò lui come se fosse la prima volta che sentiva quel termine. Lanciò un'occhiata preoccupata verso le scale prima di incamminarsi in quella direzione.

«Vado a chiedere» disse.

Prima che attraversasse l'atrio, udimmo una porta aprirsi da qualche parte sopra di noi e poco dopo

Sid apparve in cima alle scale. Come il giorno prima, indossava un abito scuro e aveva un'aria distinta e importante.

«Un attimo fa stavo guardando dalla finestra. Ho pensato che fossi tu» disse con tono stupito. E anche contento. Ma c'era pure un certo riserbo?

«Grazie, Ajit» disse congedando l'uomo che ci era venuto incontro.

Ajit fece un breve inchino prima di allontanarsi in fretta. Mentre Sid scendeva le scale, Serena mi guardò e disse: «Spero che non ti dispiaccia, ma a quanto pare sono stata seguita. Immagino che non lasci entrare i gatti».

Giungendo ai piedi delle scale, Sid allargò le braccia. «Certo che li lascio entrare! Sempre! Un'azienda senza gatti è un'azienda senz'anima.»

«Ho una notizia che volevo darti di persona» esclamò Serena. Aveva uno sguardo luminoso. «Spero che non sia un problema se sono venuta nel tuo ufficio.»

«È perfetto» rispose lui sorridendo. «Andiamo in un posto dove non saremo disturbati. Però sto aspettando una telefonata che dovrebbe arrivare a momenti, e dovrò rispondere.»

Ci fece entrare in una stanza con divani, bovindi e quadri in cornici dorate e proseguì oltre una porta a vetri doppia fino a una veranda che dava sui prati e sui giardini che avevo visto tempo prima da una prospettiva molto diversa. La veranda era arredata con comodi mobili di bambù.

Per un attimo Serena restò in piedi a guardarsi attorno ammirando la bellezza della proprietà. C'era un vialetto che correva lungo il perimetro, ombreggiato da alti pini. Un movimento tra gli alberi attirò la sua attenzione.

«Oh, guarda» disse indicando la Mercedes bianca che stava risalendo il vialetto a una velocità tranquilla. Al volante c'era una figura caratteristica con una giacca scura e un cappello grigio. «Lavora qui?» chiese.

«Sì» rispose Sid invitandola a sedersi. «Vuoi qualcosa da bere?»

Scosse la testa. «Non mi fermo molto.»

Mentre Sid si sistemava su una sedia di fronte a lei, annusai le gambe dei mobili, che avevano un odore penetrante di cera. In piedi sulle zampe posteriori ispezionai la stoffa dei cuscini, consumati per l'uso. Malgrado non fossi mai stata là, mi sentii immediatamente a casa. Balzai sulla sedia vicino a quella di Serena per poter osservare la scena attorno a me.

«Ieri sera Franc è arrivato a sorpresa al caffè» esordì.

«Così presto?»

Annuì. «Non ci ha avvertiti perché non intende

riprendere a fare il gestore. Non subito. Anzi» un sorriso le illuminò il volto «parla di condividere il lavoro. Vorrebbe avere più tempo da trascorrere all'esterno del locale.»

«Davvero?» Sid si protese.

«C'è di meglio» gli confidò lei. «La storia che non amasse i banchetti indiani e i pacchetti di spezie è un equivoco.»

«Cosa?»

«Un classico equivoco» confermò scuotendo la testa. «È saltato fuori che in fondo al foglio aveva scritto NON MI PIACE. LO ADORO! ma lo scanner non ha letto l'ultima riga.»

Sid sorrise illuminandosi davanti a quelle nuove possibilità.

«Così in una breve visita…?»

«È cambiato tutto.»

Una bussata urgente sulla portafinestra li indusse ad alzare lo sguardo.

Un uomo in camicia e cravatta guardò Sid con impellenza annunciando: «C'è Ginevra in linea».

«Scusami.» Sid si alzò in fretta. «Faccio il prima possibile.»

Serena restò seduta a osservare il giardino godendosi il sole. Il suo sguardo si spostò sulla vegetazione lussureggiante, poi tornò alla porta da cui era uscito Sid. La curiosità ebbe la meglio e andò nella reception. Ho forse bisogno di precisare che la seguii a stretto giro?

Una parete era dominata da un caminetto imponente con una mensola che le arrivava all'altezza delle spalle. Sopra di esso c'era un grande quadro, con la cornice dorata, che ritraeva un indiano con un turbante, vestito con una giacca alla coreana, i bottoni di pietre preziose e una spada fissata in vita. Aveva un'espressione severa… e una somiglianza inconfondibile con Sid.

Su un'altra parete spiccavano due spade curve incrociate in un fodero di pelle nera e oro, insieme a diversi stendardi di seta ricamati in filigrana d'argento. Serena osservò tutto prima di essere attirata da un tavolino con una serie di fotografie di famiglia. Alcune seppiate, altre a colori, raffiguravano diverse generazioni attraverso ritratti singoli e immagini ufficiali di gruppo. Ce ne erano numerose di Sid con i suoi genitori, che studiò con grande interesse.

Un lato del tavolino era riservato alle fotografie di una giovane donna. In alcune era con Sid, in altre erano insieme a una bambina. C'erano anche alcune foto della piccola da sola a varie età.

Accanto a un bovindo si trovava il dipinto di un palazzo con una cupola dorata. Era cinto da mura alte e da palme dalla chioma ampia: proprio il tipo di palazzo che Serena aveva visto sulle copertine dei volumi patinati sull'architettura indiana che Sam vendeva in libreria. Rimase a guardare il ritratto per un po' finché il suono di alcune voci all'esterno attirò la sua attenzione.

Dalle finestre che davano sul vialetto vedemmo la Mercedes bianca, ora parcheggiata sotto il portico. Vicino a essa c'era l'uomo con la giacca scura e il cappello grigio, quello che lei aveva creduto essere il maharaja. L'uomo che aveva chiamato Sid al telefono gli stava parlando. Non riuscivamo a sentire i particolari, ma era chiaro che quello che parlava stesse dando ordini all'altro.

Serena li studiò, profondamente assorta nei suoi pensieri, cercando di trovare un senso nei suoi discorsi enigmatici con Sid. «Qualcuno sostiene che sia il maharaja di Himachal Pradesh» aveva osservato quella sera tornando da yoga. Lui aveva risposto: «Ho sentito la stessa cosa». Ora capiva: si era mostrato in accordo con quello che lei aveva udito e non sul fatto che fosse la verità.

In seguito il maharaja era apparso inspiegabilmente con gli estintori nel momento cruciale salvando la casa e lo studio di yoga di Ludo. Se qualcuno lo avesse chiamato, la sua tempestiva comparsa sarebbe stata più logica.

Soltanto il giorno prima Sid le aveva dato con difficoltà il suo biglietto da visita e quando lo aveva fatto aveva notato che c'erano i recapiti ma non il nome.

Infine c'era stata poco prima la reazione dell'impiegato, quando lei gli aveva annunciato di essere venuta a trovare Sid.

I sentimenti che aveva scoperto di provare per lui, la premura e la compassione di Sid, le erano sembrati piuttosto autentici. Ma perché tutto quel mistero?

Ci fu un rumore di passi che scendevano le scale, poi Sid attraversò l'atrio nella nostra direzione. Si bloccò di colpo quando entrò nella reception e trovò Serena davanti alle foto di famiglia.

«Dunque sei tu il maharaja.» Aveva un tono più sorpreso che accusatorio.

Lui annuì con aria grave.

«Allora perché…?»

«Ho imparato l'importanza della discrezione a caro prezzo. Avevo intenzione di dirtelo, Serena. Non mi aspettavo che venissi qui in questo modo.»

«Evidentemente.»

Le indicò una poltrona. «Per favore, lascia che ti spieghi.»

Di nuovo si sedettero l'uno di fronte all'altra, lei sulla poltrona, lui sul divano. E di nuovo annusai le gambe dei mobili, stavolta esaminando le tende e i tappeti indiani ornati con viva curiosità. Anche lì tutto sembrava fortemente familiare.

Addirittura *familiare*.

«Mio nonno ereditò un'ampia tenuta quando aveva la mia età» stava dicendo Sid a Serena. «Anche in base agli standard di ricchezza dei maharaja imperiali era un uomo molto, molto benestante. I suoi diamanti venivano misurati a chili, le sue perle in distese di ettari, i lingotti d'oro a tonnellate.

«Ereditò inoltre più di diecimila persone di servizio, tra cui quaranta concubine e i loro figli, e più di mille guardie del corpo. C'erano venti servitori il cui unico compito era andare a prendere l'acqua potabile per la famiglia allargata al pozzo più vicino che si trovava ad alcuni chilometri di distanza.»

Serena ascoltava rapita. Balzai sul divano e mi avvicinai furtiva a Sid toccandogli la gamba con la zampa destra. Quando non obiettò, gli saltai sulle ginocchia, girai in cerchio un paio di volte per trovare la posizione migliore e mi sistemai sui suoi pantaloni gessati. Appena lo feci, mi accarezzò con un gesto rassicurante. Era come se fossimo rimasti seduti così molte volte in passato.

«Purtroppo» proseguì Sid «a differenza dei nostri predecessori, mio nonno non era un uomo accorto. Tutti si approfittavano di lui: i suoi consiglieri, la servitù, persino i cosiddetti amici. Negli anni perse tutte le proprietà e il denaro. Ricordo che mio padre mi portò a trovarlo in punto di morte. A quel tempo il palazzo era in rovina, spogliato di quasi tutti i suoi oggetti preziosi, eppure anche allora era invaso da persone venute apparentemente a rendergli omaggio. Mio padre aveva chiesto a una società privata di guardie del corpo di mettere degli uomini al cancello e di perquisire chiunque all'uscita.» Scosse la testa. «Non inizio neanche a descriverti i "souvenir" che la gente cercava di portarsi via.

«Quando mio padre divenne maharaja, ebbe un titolo e ben poco d'altro, salvo per un edificio fatiscente ai piedi delle colline nella zona dell'Himalaya dove non tornò mai. Aveva scarso interesse per il commercio e si dedicò alla ricerca spirituale. Aveva inclinazione per il buddismo, per questo mi chiamò Siddhartha, dandomi il nome del Buddha.»

Feci le fusa.

«Forse perché era poco legato al mondo terreno, non si rese conto di quello che significava in realtà aver perso la fortuna di famiglia. Vivevamo ancora come se avessimo soldi e grazie al nostro nome c'erano sempre creditori disponibili. Mi mandò a studiare all'estero ed ebbi una relazione con una ragazza che si illudeva di sposare un erede.

«Quando infine i creditori persero la pazienza con mio padre e cominciarono a minacciarlo, morì d'infarto. La mia fidanzata mi lasciò. Tornai a casa trovando una madre in lutto e una montagna di debiti. Capirai quindi» Sid la fissò con uno sguardo penetrante «perché da allora sia stato molto riluttante a usare un titolo e un nome di famiglia così... problematici.»

Serena lo guardò con compassione. «Mi dispiace molto sentire tutto questo» disse con affetto. «Che cosa terribile per te.»

«È acqua passata.» Fece un brusco cenno. «Da allora ho avuto successo negli affari. Diversamente dai miei antenati mi sono concentrato sull'obiettivo di fare del bene alla comunità oltre che a me stesso. Per questo mi interesso, per esempio, alle spezie del commercio equo.»

Sorrise. «Sei troppo modesto.» Indicando con un gesto sia l'edificio sia il giardino circostante aggiunse: «Mi sembra che tu abbia avuto *molto* successo. Questo deve renderti felice».

Sid considerò quelle parole a lungo prima di rispondere: «Credo che in realtà sia il contrario. Prima viene la felicità, poi il successo».

Mentre Serena lo ascoltava con attenzione, proseguì. «Quando tornai in India, affrontai numerose sfide, ma nel mio cuore ero sicuro del mio scopo.

Volevo raggiungere un equilibrio nella vita che era mancato sia a mio padre sia a mio nonno: praticare la meditazione e lo yoga per il benessere fisico e mentale, naturalmente, dedicarmi ad attività lavorative che producessero denaro per fare del bene a me stesso e agli altri, sì, anche quello; non aveva molta importanza che vivessi e lavorassi in un piccolo appartamento di due stanze sopra il mercato, mi sentivo già parte della comunità. Nel mio piccolo ero in grado di aiutare. Quando hai l'appagamento dentro di te, che tu raggiunga o meno i tuoi obiettivi, penso che il successo diventi più probabile.»

«Il paradosso del non attaccamento» concordò Serena.

«Non molti capirebbero.»

Lei sostenne a lungo il suo sguardo prima di indicare il dipinto sul muro. «Quella è la tua casa di famiglia?»

Sid annuì. «Un quadro dell'epoca di mio nonno. È più o meno quasi identica ma molto, molto lentamente la stiamo riportando al suo vecchio splendore.»

«È magnifico!»

«Il Palazzo dei Quattro Padiglioni. Un tempo era straordinario. Oggi è solo abitabile. Mia madre si è trasferita là un anno fa da Delhi insieme alla sua famiglia di gatti himalayani. Proprio come lei.»

Guardai interrogativa Sid.

Delhi. Dov'ero nata. Figlia di una gatta di una famiglia ritenuta ricca, che subito dopo si era trasferita e che nessuno era stato in grado di rintracciare.

«Sembri proprio a tuo agio con lei sulle ginocchia.»

«Oh, sì. Sono creature molto speciali, particolarmente sensibili all'umore e alle energie delle persone.» Dopo un istante chiese: «Quindi ho ragione a pensare che potremmo lavorare insieme per far conoscere al mondo i pacchetti di spezie?».

Per un po' parlarono di distribuzione, catene di approvvigionamento, marketing online e pubblicità mediante personaggi famosi. Ma percepivo che al di là di tutto ciò, stava succedendo qualcos'altro. Quel pomeriggio, con i raggi del sole che entravano dalla finestra, era come se Sid e Serena stessero danzando.

Poi per lei venne il momento di andare a prepararsi per la lezione di yoga. Mentre lasciavamo la stanza, si girò a guardare il dipinto. «Mi piacerebbe molto vedere il Palazzo dei Quattro Padiglioni. Un giorno mi ci porterai?»

Sid le rivolse un ampio sorriso. «Con immenso piacere.»

Raggiungemmo tutti e tre la porta. Sid restò in cima ai gradini e ci guardò andare.

A metà strada Serena si voltò. «A proposito…

Siddhartha» disse proteggendosi gli occhi dal sole pomeridiano «la sera dell'incendio: la mia sciarpa *era* sul balcone, vero?»

Ci fu un lungo silenzio prima che lui annuisse.

La brezza del tardo pomeriggio portò con sé l'odore inebriante del gelsomino notturno. Serena gli mandò un bacio con la punta delle dita.

Sorridendo lui giunse i palmi all'altezza del cuore.

Arrivò finalmente il giorno del ritorno di Sua Santità!

Svegliandomi dal mio quarantaquattresimo sonno solitario sulla coperta di yak, mi ricordai, prima ancora di aprire gli occhi, che il Dalai Lama sarebbe stato a casa nel giro di poche ore. Saltai con gioia giù da letto.

Fin dal mattino presto in tutto Jokhang fervevano i preparativi. Dallo studio di Sua Santità arrivavano i rumori degli addetti alle pulizie che davano un'ultima spolverata e pulita con l'aspirapolvere. Quando spuntai dal nostro appartamento, dopo aver mangiato un boccone per colazione, stavano consegnando e disponendo i fiori freschi nelle zone della reception per accogliere non solo il Dalai Lama ma anche i numerosi ospiti che ben presto avrebbe ricevuto.

Nell'ufficio degli assistenti esecutivi la sedia di Tenzin era vuota. Lui e l'autista erano diretti all'aeroporto di Kangra per incontrare Sua Santità quando fosse sceso dall'aereo. Sulla via del ritorno Tenzin lo avrebbe ragguagliato sulle questioni più importanti e urgenti che richiedevano la sua attenzione.

Dalla parte opposta della scrivania Yogi Tarchin non finiva quasi di parlare con una persona che un'altra gli faceva nuove richieste. Ben lungi dal mostrare segni di irritazione, era sereno, persino scherzoso mentre si occupava di tutto. Nella stanza si respirava un'aria di leggerezza.

Quella sensazione non era, purtroppo, altrettanto evidente un po' più in giù in corridoio, davanti alla porta di Lobsang. Presenza in genere tranquilla, appariva stranamente alterato. Lo osservai mentre riordinava gli scaffali, cercava tra numerosi dossier prima di posarne alcuni con cura sul tavolo e si guardava attorno nel suo ufficio con aria svagata. Impiegai un po' a capire quello che provava: apprensione.

Sentimenti simili non turbavano gli altri a Jokhang. Anzi si avvertiva un fremito festoso nell'aria. Presto Sua Santità sarebbe stato tra noi, e con lui avremmo ritrovato anche lo scopo della nostra permanenza là. Arrivò una valanga di corrieri che portavano doni, pacchi e corrispondenza importante. Nella sala del personale le voci erano acute per l'urgenza e le risate echeggiavano lungo il corridoio via via che tutti scoprivano un nuovo senso nel loro lavoro. Dalla cucina giungevano gli aromi inconfondibili dei piatti della signora Trinci, intenta a preparare il pranzo per i primi visitatori di Sua Santità.

In quanto gatta dall'intuito ben sviluppato, sapevo esattamente quando il Dalai Lama avrebbe fatto ritorno. Perciò, invece di sdraiarmi sullo schedario nell'ufficio degli assistenti esecutivi, optai per il mio posto preferito quando lui era in sede: il davanzale della sala di ricevimento principale. Era là che trascorreva gran parte del tempo, e là io origliavo le conversazioni più interessanti. E, prima priorità per un gatto, potevo osservare l'andirivieni nel cortile di sotto.

Non tutto l'andirivieni però venne *attentamente* osservato. In fondo, che senso ha la colazione se non viene seguita da un sonnellino? Per non parlare del fatto che la lieve brezza che entrava dalla finestra aperta aveva un effetto deliziosamente soporifero. Un po' di tempo dopo fui svegliata da un applauso in corridoio. La porta della sala si aprì e gli addetti alla sicurezza fecero un ultimo controllo. D'un tratto apparve Sua Santità.

Entrò e guardò direttamente me. Appena i nostri sguardi si incrociarono, fui pervasa da una felicità tanto grande che mi sentii quasi sopraffatta. Lasciandosi dietro il suo entourage e i suoi consiglieri, venne dritto da me e mi prese in braccio. «Come stai, mia piccola Leonessa delle Nevi?» mormorò. «Mi sei mancata!»

Si girò e ci ritrovammo così a guardare la valle del Kangra dalla finestra. Sembrava che l'aria di quel mattino himalayano non fosse mai stata così frizzante, il cielo mai così terso, il profumo dei cipressi e dei rododendri mai così intenso. Osservando i sentieri di pietra coperti di aghi di pino, comunicai senza parole con Sua Santità.

Mentre facevo le fusa, sogghignò piano ricordando la nostra ultima conversazione prima che partisse. Aveva forse bisogno di chiedermi se avessi riflettuto sull'arte di fare le fusa?

No.

Né io avevo bisogno di dirglielo, visto che conosceva le mie esperienze con maggiore chiarezza e compassione di quanto le conoscessi io. Il Dalai Lama era più che consapevole di quanto avevo appreso in sua assenza. Sapeva che ascoltando il famoso psicologo all'Himalaya Book Café ero giunta a capire che, nonostante tutte le nostre idee su quello che ci renderà felici, le nostre aspettative sono spesso sbagliate. Sapeva anche che l'osservazione di Viktor Frankl, ossia che la felicità si verifica come effetto collaterale della devozione di una persona a un cammino più grande di se stessa, era molto rilevante per me.

Grazie a Ludo dello studio di yoga avevo scoperto che la felicità non va cercata nel passato. Gordon

Finlay aveva dimostrato che non dobbiamo attendercela nemmeno in un futuro immaginato. Se dovevo imparare qualcosa dalla morte prematura di Chogyal, quel qualcosa era che solamente sviluppando un senso profondo della labilità della vita si può giungere a percepirla ogni giorno per quello che è: un miracolo.

Sam Goldberg e la sua formula della felicità mi avevano convinta che, al di là delle circostanze o del proprio carattere, ognuno di noi ha la capacità di raggiungere una maggiore felicità mediante pratiche come la meditazione. Per non parlare del fatto che, quando aiutiamo gli altri, noi stessi siamo spesso i primi a beneficiare di quell'aiuto. Esiste forse una ragione migliore per fare le fusa?

Grazie al responsabile della disciplina del monastero di Namgyal avevo compreso che in molti casi l'umore è legato al cibo. E le crisi personali di Serena e di Sam che avevano portato all'intervento a sorpresa di Geshe Wangpo erano state una lezione pratica per imparare a coltivare la serenità d'animo.

Siddhartha, il maharaja di Himachal Pradesh, sembrava essere la prova vivente che la relazione tra felicità e successo è l'opposto di quello che molti presumono.

Ma era stato Yogi Tarchin a farmi comprendere quanto limitata fosse la visione che avevo della mia mente e della potenzialità di essere felice. E il biologo britannico aveva dato speranza a noi *sem chens*, spiegandoci che tutti gli esseri senzienti possiedono la capacità di conoscere a tutto campo. Che cambiamento mozzafiato avviene quando ci vediamo come una coscienza capace di esperienze umane, feline e persino canine, anziché come persone, gatti o cani capaci di esperienze consce.

Io e il Dalai Lama condividemmo la conoscenza di tutto ciò godendoci la mattinata himalayana insieme. Come aveva promesso prima di partire per il suo viaggio, era giunto per lui il momento di rivelare i suoi pensieri sulle vere cause della felicità, di trasmettere il messaggio inteso specificamente per me e per quanti erano legati karmicamente a me. Dato che sei rimasto con me fino a ora, caro lettore, tra questi ci sei anche tu!

«C'è una saggezza speciale che riguarda la felicità» mi disse Sua Santità. «Alcuni testi la chiamano il *Segreto sacro*. Come la saggezza in genere, è facile da spiegare ma non da vivere. Il Segreto sacro è questo: se desideri porre fine alla tua sofferenza, cerca di porre fine alla sofferenza altrui. Se desideri la felicità, cerca la felicità altrui. Sostituire il pensare a se stessi con il pensare agli altri: *questo* è il modo più efficace per essere felice.»

Assimilai il senso delle sue parole insieme all'aria mattutina che entrava dalla finestra. L'idea di pensare agli altri quasi quanto a me stessa era indubbiamente scomoda. GSS, Leonessa delle Nevi, Rinpoche, *Swami*, la creatura più bella che sia mai esistita: è lei al centro della mia coscienza da quando mi sveglio il mattino fino al momento di andare a dormire la sera.

«Pensare troppo a se stessi è causa di grande sofferenza» affermò il Dalai Lama. «Ansia, depressione, rancore e paura peggiorano con un'attenzione eccessiva per sé. Il mantra *io, io, io* non è così positivo.»

Ora che lo aveva sottolineato, mi resi conto che i momenti di maggiore infelicità erano stati quelli in cui ero stata più assorbita da me stessa. Quando mi ero arrabbiata con Chogyal che aveva fatto pulire la mia coperta, per esempio, nei miei pensieri non c'era la felicità di nessun altro, di certo non la sua!

Sua Santità mi impartì un altro insegnamento fondamentale: «Non è necessario porre fine alla sofferenza di tutti gli esseri per porre fine alla tua, o che tutti gli esseri siano felici perché tu lo sia. Se così fosse» affermò sogghignando «allora tutti i Buddha avrebbero fallito!

«Possiamo imparare a usare questo splendido paradosso» mi disse guardandomi nella profondità dei miei occhi zaffiro. «Sii saggiamente egoista, piccola Leonessa delle Nevi. Trai felicità per te stessa dandola agli altri.» Restò in silenzio per un attimo accarezzandomi il muso con straordinaria tenerezza. «Questo già lo metti in pratica, presumo, ogni volta che fai le fusa.»

Il ritorno di Sua Santità scatenò un'eccitazione più che sufficiente per un giorno solo. Le cose tuttavia erano destinate a migliorare ancora. Dal momento che alcuni delegati d'alto livello delle Nazioni Unite si sarebbero fermati a pranzo, avrei potuto fare visita alla signora Trinci in cucina. Come al solito, mi gratificò ricordandomi la mia bellezza unica e dandomi una generosa porzione di gamberi succulenti con una salsa di formaggio di capra. Aveva una cremosità così sopraffina che impiegai un bel po' a leccare completamente il piattino.

Dopo mi sedetti all'esterno della cucina a lavarmi il muso al sole del pomeriggio, sentendomi sazia e soddisfatta. Sua Santità era rientrato in sede. La signora Trinci sarebbe stata di nuovo una presenza regolare. Nel mio mondo tutto era come doveva essere.

E c'era un'altra cosa a cui guardare con impazienza: la breve cerimonia quella sera per festeggiare la riapertura della terrazza della Downward Dog School of Yoga. Negli ultimi giorni la facciata della casa di Ludo era stata circondata da un nugolo di operai che avevano sostituito le travi danneggiate dal fuoco con supporti d'acciaio più robusti. Avevo sentito Serena parlare con entusiasmo del balcone ristrutturato, più solido e largo del precedente, dotato di un meraviglioso tappeto intessuto a mano donato a Ludo dai suoi allievi. Dato che la terrazza doveva ancora essere usata, Ludo aveva deciso di celebrare l'occasione con una cerimonia ufficiale, presieduta da un ospite misterioso.

Frequentando gli ambienti esclusivi, caro lettore, sapevo con precisione chi fosse. Ed essendo un mio intimo amico, sono certa che anche tu avrai capito di chi si tratta. Dato che in quella circostanza tante delle mie persone preferite si sarebbero riunite sotto lo stesso tetto, decisi che avrei dovuto esserci anch'io, la *Swami* della Downward Dog School of Yoga.

Iniziai a risalire Bougainvillea Street nel tardo pomeriggio superando il negozio di spezie che settimane prima era stato teatro di una scena di panico e di scompiglio. Percorsi il tratto di marciapiede su cui mi ero sentita in trappola. E mentre stavo passando accanto al muro bianco alto della proprietà di Sid accadde... di nuovo. Gli stessi due mostri apparvero dal nulla puntando dritti verso di me. Solo che stavolta era diverso. Peggio. Non c'era possibilità di fuga.

Un gatto più robusto avrebbe potuto attraversare

fulmineo la strada, scalare un muro e scappare. Ma io conoscevo i miei limiti. Non avevo vie d'uscita.

Mi voltai verso i miei inseguitori e nel momento stesso in cui mi furono vicini mi sedetti. La mia mossa li colse totalmente di sorpresa mentre li vedevo avvicinarsi chiassosi nella mia direzione pregustando un inseguimento allettante. Allungarono le zampe davanti a loro e si fermarono di colpo. Incombevano su di me e fui avvolta dal loro alito caldo e solforoso. Con la lingua penzoloni e la saliva che gocciolava dalla bocca, avvicinarono il naso.

Cosa feci? Ringhiai. Spalancai il più possibile la bocca, sibilai con la furia di una divinità in collera mille volte più grande di loro. Il cuore mi martellava e avevo il pelo tutto ritto. Ma mentre scoprivo i denti e muovevo la bocca avanti e indietro, da destra a sinistra, le due grosse bestie arretrarono piegando la testa di lato in segno di sorpresa.

Non era l'accoglienza che si erano aspettate. Né la gradivano particolarmente. Uno accostò il muso a un paio di centimetri dal mio. Gli sferrai fulminea una zampata a mo' di graffiante rimprovero. Il mostro lanciò un guaito acuto indietreggiando di scatto in preda al dolore.

Eravamo in stallo. Mi avevano messo con le spalle al muro, cosa che non avevano previsto. E ora che era successo, non sapevano che fare. La mia dimostrazione di ferocia li aveva spiazzati del tutto.

L'uomo alto con la giacca di tweed arrivò giusto in tempo. «Venite qua, voi due» chiamò con tono allegro. «Lasciate in pace quel povero gatto.» I cani sembrarono fin troppo sollevati di essere rimessi al guinzaglio e portati via.

Vedendoli allontanarsi, scoprii con grande stupore che ero rimasta molto meno traumatizzata del previsto. Avevo affrontato la mia peggiore paura e scoperto di essere in grado di farcela. Ero più forte di quanto pensassi. Era stata una prova, ma avevo mantenuto con successo la posizione contro quei segugi sbavanti.

Proseguendo per la mia strada, rammentai le parole di Sua Santità: pensare troppo a se stessi è causa di sofferenza, la paura e l'ansia peggiorano quando ci concentriamo su di *noi*. Mi chiesi d'un tratto se settimane prima fossi finita tutta sporca di spezie, bloccata sul muro, non a causa dei cani ma perché mi ero concentrata solo sull'obiettivo di salvarmi la pelliccia. Me la sarei cavata meglio se mi fossi fatta valere affrontando i miei inseguitori? La cosiddetta *autoconservazione* può a volte ritorcersi contro diventando la causa stessa del dolore?

Dopo aver respinto le due bestie, mi sentii più forte e sicura mentre proseguivo su per la collina. Potevo anche essere una gatta piccola e un po' zoppicante, ma avevo il cuore di una Leonessa delle Nevi! Avevo disorientato i miei inseguitori. Ero *Swami*, la Dominatrice di Golden retriever!

La casa di Ludo era vestita a festa per l'occasione. Una nuova fila di bandierine tibetane dai colori vivaci svolazzava sotto le grondaie inviando un'infinità di preghiere nel vento. L'atrio era stato ridipinto e odorava di vernice fresca. La scritta THE DOWNWARD DOG SCHOOL OF YOGA era stata stampata ex novo sopra l'ingresso.

Nello studio c'erano più persone di quante ne avessi mai viste prima. C'erano tutti gli yogi e le yogini abituali, tra cui Merrilee – senza fiaschetta –, Jordan ed Ewing, mentre molti altri sembravano non aver mai visto uno studio di yoga ma erano affascinati dall'ospite misterioso annunciato da Ludo. Riconobbi i clienti del caffè e i residenti di McLeod Ganj che avevo superato per la strada, persino i vicini di Ludo da cui era partito l'incendio. Mi feci strada tra le file di materassini per raggiungere il mio solito posto, e il mio arrivo fu debitamente notato.

Fui contenta di trovare una persona nella fila in fondo che, pur fuori contesto, mi era molto familiare. Era Lobsang. Appena lo vidi, mi resi conto di quanto apparisse sollevato. Seduto tranquillo per conto suo, era un monaco liberato. Aveva recuperato la serenità e, mentre mi accarezzava, il suo sguardo si riempì di pace.

Nella parte anteriore della stanza le porte scorrevoli erano aperte offrendo una vista spettacolare sull'Himalaya. La nuova terrazza si estendeva al di là di un nastro di quattro colori intrecciati – blu, verde, rosso e oro –, che si muoveva leggermente nel tardo pomeriggio, pronto per essere tagliato nella cerimonia ufficiale di apertura.

Ci fu un fermento nei pressi della porta, poi arrivò Serena. Guardandosi attorno, scorse Lobsang solo in fondo e andò subito da lui.

«Com'è andata?» bisbigliò sedendosi e toccandogli il braccio.

Sorrise e annuì. Sembrava avesse qualche difficoltà a parlare.

Serena aveva un'espressione affettuosa. «Allora è tutto a posto?»

«Non ho neppure dovuto chiederglielo» riuscì infine a dire. «Quando sono andato da lui, ha passato alcuni minuti a dirmi quanto avesse apprezzato il mio lavoro sul nuovo libro. Dopo mi ha guardato in faccia aggiungendo: "Sei ancora un uomo giovane, dotato di molti talenti. Forse sarebbe una buona idea provare qualcosa di nuovo, se vuoi".»

«Oh, Lobsang» esclamò abbracciandolo.

«Finisco tra sei settimane» le disse incurvando la bocca in preda all'emozione. «Dopo sarò libero di viaggiare.»

«Hai pensato a dove andare?»

«Sua Santità si è offerto di presentarmi all'abate di un monastero in Thailandia.» Nei suoi occhi ci fu un lampo di eccitazione. «Penso che le mie avventure potrebbero cominciare là.»

Assimilai quello che Lobsang stava dicendo con sentimenti fortemente contrastanti. Era sempre stato una presenza serena a Jokhang e avevo dato per scontato che sarebbe rimasto lì. Era triste che se ne andasse. Negli ultimi mesi tuttavia avevo capito che c'era qualcosa che non andava. Nonostante la grande importanza del suo lavoro, era inquieto e aveva bisogno di una nuova direzione. Il che era un'ulteriore riprova che l'unica costante è il cambiamento.

Poco più tardi Sam spuntò dalla tenda di perline. Dopo aver ammirato per la prima volta il meraviglioso panorama, si guardò attorno. Serena agitò la mano e lui la raggiunse, seguito da Bronnie. Si sedettero vicino a lei e Serena li osservò con attenzione. «Sono contenta di vedervi qui insieme» disse.

«Katmandu ha molte cose che ti invogliano ad andarci» sussurrò Bronnie «ma non ha Sam.»

Serena assentì. «Quindi resti in India?»

Mentre Bronnie scuoteva la testa, Sam intervenne. «Ha un contratto di tre mesi. Starà sola nei primi due. Il terzo mese la raggiungerò, poi torneremo qui.»

«Mi sembra un buon accordo» commentò Serena.

«In questo modo vedremo qualcosa di più dell'Himalaya» spiegò Bronnie. «Per quanto sia convinta che Sam sia più interessato a esplorare la libreria del monastero di Kopan.»

«È l'abitudine di una vita» osservò Serena.

«Quando sei un tipo un po' *geek*... Sai, fuori dal mondo...» fece Sam.

«*Super-Geek*» lo corresse Bronnie. Gli prese le mani tra le sue.

Ludo entrò e si diresse nella parte anteriore dello studio, leonino e flessuoso come sempre. Con addosso una tunica bianca di cotone e un paio di pantaloni bianchi da yoga, era più elegante del solito ma pronto a condurre quella che sarebbe stata una seduta blanda di yoga, concepita per introdurre i nuovi venuti ai rudimenti della pratica.

Sid arrivò, insolitamente in ritardo, mentre Ludo spiegava *Tadasana*, la posizione della montagna. Notò Serena in fondo e andò da lei. Senza che glielo chiedessero, Sam e Bronnie si spostarono in modo da farli stare vicini.

Erano proprio di fronte a dove mi trovavo. Li guardai effettuare una sequenza di allungamenti, di posizioni in equilibrio su una gamba con le braccia puntate al soffitto, seguite da torsioni, prima a destra, poi a sinistra. A un certo punto Serena si girò dalla parte sbagliata, lei e Sid si ritrovarono rivolti l'uno verso l'altra. Invece di fissare un punto in lontananza, i loro sguardi si incrociarono e rimasero così per un minuto inatteso e ininterrotto di intimità.

Ludo fece eseguire alla classe alcune posizioni sedute. Mentre erano tutti piegati nella posizione del bambino, *Balasana*, apparvero due addetti alla sicurezza. Scrutarono la stanza e fecero un cenno a Ludo, che invitò tutti ad alzarsi.

Sorridendo esclamò: «Seduti, per favore. So la vera ragione per cui molti di voi sono qui. Ed è un gran privilegio e un sommo piacere invitare il nostro ospite d'onore, Sua Santità, il quattordicesimo Dalai Lama del Tibet, a consacrare il nostro studio di yoga». L'annuncio fu accolto da ansiti di gioia.

Sua Santità apparve nell'atrio e tutti in segno di rispetto si alzarono di nuovo, ma con un gesto lui li invitò a restare dov'erano. «Sedetevi, vi prego» disse, poi giunse i palmi all'altezza del cuore e si inchinò incrociando lo sguardo di ognuno.

Quando il Dalai Lama si sposta in una sala piena di

persone, non le supera semplicemente, ma si intrattiene con molte. Quella sera, andando verso Ludo, strinse la spalla di Ewing e sogghignò guardando Merrilee negli occhi. Quando Sukie giunse le mani e si inchinò, si allungò con delicatezza e gliele tenne brevemente tra le sue. A quel punto le scese una lacrima sulla guancia.

Quando Sua Santità raggiunse Ludo, nello studio calò un silenzio di meraviglia. Tutti percepivano l'energia che emanava costantemente, senza alcuno sforzo. Era un'energia che poteva portarti al di là del tuo consueto, limitato senso di te stesso, alla percezione della tua natura infinita e alla consapevolezza rassicurante che tutto è bene. Fermandosi davanti alla porta aperta, il Dalai Lama si abbandonò alla vista spettacolare.

Gli elementi naturali avevano cospirato per preparare un tramonto davvero eccezionale quella sera. Il cielo blu lapislazzuli rappresentava uno sfondo straordinario per i picchi scintillanti dipinti d'oro liquido. Immensa e immutabile come sempre, quel giorno la catena himalayana luccicava come una visione eterea che si sarebbe potuta dissolvere nel nulla da un momento all'altro.

Mentre Sua Santità la ammirava, la sua meraviglia si trasmise a tutti nello studio. Per alcuni istanti senza tempo fummo tenuti insieme quasi da un incantesimo.

Poi si voltò sorridendo verso Ludo. Questi si inchinò in modo formale offrendogli come da tradizione una sciarpa bianca. Dopo avergliela restituita e posta sulle spalle, prese le mani di Ludo tra le sue. «Mio buon amico» esordì picchiettando le loro mani giunte. Poi, guardandoci, disse: «Molti anni fa, quando arrivai a Dharamsala, sentii parlare di questo tedesco che voleva insegnare yoga. *Questo è bene*, pensai. *I tedeschi sono molto tenaci!*».

Ci fu una gran risata.

«La consapevolezza del corpo è una pratica fondamentale. Estremamente utile. Se vogliamo coltivarla, lo yoga può essere molto prezioso. Per questo dico sempre a Ludo: "Insegna più yoga. Recherà beneficio a tutti quelli che vengono".»

Gli occhi gli luccicarono dietro gli occhiali mentre scrutava il gruppo. «Il corpo è come uno scrigno del tesoro. Il tesoro che ospita è la mente. L'opportunità che abbiamo di sviluppare la nostra mente è molto, molto preziosa. Gran parte degli esseri non ce l'ha. Per questo dovremmo prenderci molta cura del nostro corpo e stare attenti alla nostra salute. Ottenere il meglio da questa vita per recare beneficio a se stessi e agli altri.»

Sua Santità invitò allora Ludo a parlare. Dopo aver salutato l'arrivo del Dalai Lama alla Downward Dog

School of Yoga, Ludo spiegò che lo studio portava il nome non solo della posizione yoga ora nota in tutto il mondo, ma anche di un cane di cui si era preso cura all'inizio della sua permanenza a McLeod Ganj. Sua Santità aveva un'espressione contemplativa mentre osservava la fotografia del Lhasa Apso appesa alla parete.

Ludo disse di essere stato incoraggiato fin da subito dal Dalai Lama. Ora, diversi decenni più tardi, non riusciva a immaginare la vita senza quello scopo speciale: insegnare yoga. L'incendio recente e il restauro della terrazza avevano rappresentato l'occasione di cominciare un nuovo capitolo con lo studio.

Cantando una preghiera in tibetano, il Dalai Lama benedisse il locale e ogni essere al suo interno. In quel breve istante l'atmosfera sembrò cambiare. Mentre la coscienza di sua Santità toccava le nostre, percepimmo tutti qualcosa di sacro e di profondo.

Ludo porse a Sua Santità un paio di forbici e lo invitò a tagliare il nastro della nuova terrazza, cosa che lui fece tra il divertimento e gli applausi di tutti. Ludo disse: «Ho raccontato a Sua Santità dell'incendio e di come le cose sarebbero potute andare molto peggio se non fosse stato per la piccola *Swami*».

Sedendosi davanti a me Sid esclamò: «È qui questa sera».

«Davvero?»

Mentre Sid e Serena si scostavano, tutti gli sguardi si concentrarono d'un tratto su di me. Il Dalai Lama mi guardò con amore sincero. Lanciando di nuovo un'occhiata alla fotografia in cornice del Lhasa Apso, si girò verso Ludo ed esclamò: «Sono così contento che sia riuscita a tornare da te».

Più tardi quella sera ero stesa a riposare sulla coperta di yak ai piedi del letto di Sua Santità mentre lui era seduto a leggere. Fissandolo pensai al commento di Ludo, alla fotografia sul muro dello studio di yoga e al mio sogno. Ricordai inoltre che Yogi Tarchin mi aveva chiamata *Sorellina* appena mi aveva vista con Serena. E riflettei su come mi sentissi a casa e a mio agio sia con Serena sia con Sid.

Nelle ultime sette settimane avevo avuto rivelazioni significative sulla felicità, ma avevo fatto anche un'altra rilevante e toccante scoperta proprio perché completamente inaspettata: avevo colto la profondità del mio legame con le persone a cui ero più vicina, un legame che andava ben oltre la mia immaginazione; avevo condiviso intere vite con loro benché il ricordo del mio vissuto non mi fosse accessibile.

Il Dalai Lama mi guardò con un sorriso. Chiudendo il libro, si tolse gli occhiali e li posò con cura sul tavolino, poi si chinò per accarezzarmi il muso.

«Sì, piccola Leonessa delle Nevi, non è una coincidenza che tu e io siamo qui. Abbiamo creato le cause per essere insieme. Da parte mia sono molto, molto felice che sia così.»

Lo sono anch'io, pensai facendo le fusa in segno di apprezzamento.

Sua Santità spense la luce.

Stampato presso Lego S.p.A.
Stabilimento di Lavis